도서출판 대장간은
쇠를 달구어 연장을 만들듯이
생각을 다듬어 기독교 가치관을
바르게 세우는 곳입니다.

대장간이란 이름에는
사라져가는 복음의 능력을 되살리고,
낡은 것을 새롭게 풀무질하며, 잘못된 것을
바로 세우겠다는 의지가 담겨져 있습니다.

www.daejanggan.org

Copyright ⓒ Jacques Ellul 2007

Original published in France under the title ; *SI TU ES LE FILS DE DIEU*

　　　　Published by Éditions de la Table Ronde. 26, rue de Condé 75006 Paris

Used and translated by the permission of la Table Ronde.

Korean Edition Copyright ⓒ 2023 by Daejanggan Publisher. in Nonsan, CN, South Korea.

네가 하나님의 아들이라면

지은이	자끄 엘륄 Jacques Ellul
옮긴이	김은경
초판발행	2010년 12월 13일
초판2쇄	2023년 5월 22일
펴낸이	배용하
책임편집	배용하
등록	제364-2008-000013호
펴낸 곳	도서출판 대장간
	www.daejanggan.org
등록한 곳	충청남도 논산시 가야곡면 매죽헌로1176번길 8-54
편집부	전화 (041) 742-1424
영업부	전화 (041) 742-1424 전송 0303-0959-1424
ISBN	978-89-7071-196-6 03230

이 책의 한국어 저작권은 la Table Ronde와 독점 계약한 대장간에 있습니다.
이 책은 저작권법에 의해 보호를 받는 출판물입니다.

 값 11,000원

네가 하나님의 아들이라면

자끄 엘륄 지음

김은경 옮김

SI TU ES LE FILS DE DIEU

Jacques Ellul

네가
하나님의
아들이라면

차 / 례

역자서문 • 13

서문. 예수의 고난과 시험

    I. 참 인간과 참 하나님 • 17

        역사적 예수와 신앙적 그리스도 • 예수의 고통

    II. 유혹은 무슨 뜻입니까? • 27

        악 • 예수는 유혹을 당했을까요? • 어둠 속의 빛

제1장. 고난받는 종 • 37

    함께 하는 것 • 자유함 • 예수가 겪은 다양한 고난들. 굶주림 • 단지 빵만이 아니라 • 피곤 • 형벌과 십자가형 • 정신적 고통 단절 • 그는 우리의 고통을 짊어지셨습니다 • 인간적인 한계들 • 연약함 • 감수성 • 예수와 군중 • 예루살렘을 향한 연민 • 화 있을진저, 너희 서기관들이여! • 걸림돌 • 사도들 • 사단아, 뒤로 물러가거라! • 불신앙 • 친구들 • 겟세마네 • 입맞춤 • 거부 • 조롱 • 인자의 길 • 예수가 실제로 한 말씀들과 아닌 말씀들 • 죽음 • 하나님의 뜻 • 부르짖음 • 복음서의 단순한 읽기 • 내일에 대한 두려움?

제2장. 예수가 받은 유혹들 • 95

　　그는 모든 점에서 유혹을 받았습니다 • 유혹의 크기

　I. 사막에서의 세 가지 시험 • 98

　　사막 • 빵 • 권력 • 권력과 분열 • 선을 위한 권력 • 성경에 기록하기를 • 종교 • 표적 • 하나님을 시험하라

　II. 구체적인 유혹들의 공격 • 118

　　재물과 부 • 성적 유혹 • 하나님의 아들 • 예수의 자기 확신 • 심판 • 자기 의 • 권능 • 능력을 사용하지 않음 • 자기 보존욕구 • 아버지의 뜻대로 하옵소서 • 탐욕과 지배의 영 • 이스라엘과 이방 민족들 • 성경 말씀의 성취 • 최후의 유혹

내용요약 • 149

자끄 엘륄의 저서 및 연구서 • 155

역자서문

 '악'은 우리 믿는 자들에게 늘 '네가 하나님의 아들이라면'하는 식으로 우리의 신분을, 우리의 정체성을 흔들어 보는 질문을 던집니다. 악은 가능한 한 우리의 약점과 연약함에 파고들어 우리와 하나님과의 관계를 분리시키고, 그분 곁에 가까이 가지 못하도록 수치심과 좌절을 불러 일으킵니다. 그리고 마침내 눈에 보이는 모든 것으로 판단하고, 평가를 내리는 이 세상에 굴복하도록 만듭니다. 그렇게 형성된 우리자신에 대한 굴절된 인식은 곧 하나님의 아들 예수에 대한 오해와 편견으로 이어집니다.
 엘륄은 이와 같은 우리의 무딘 지각에 성서의 말씀을 보는 눈을 열어 줍니다. 어찌 보면 예수에 관한 우리의 인식이 출발점부터 잘못되어 있음을 일깨워준다 하겠습니다. 이는 많은 부분에서 예수에 대해 우리가 오해하고 있으며, 말씀을 적용하는 부분에서도 오류를 범할 수 있음을 시사하고 있습니다. 첫 단추를 잘못 채웠을 때 일어나는 결과를 잘 알고 있지 않습니까. 말씀을 자세히 살펴보면 인간 예수의 진면목을 상세하게 간파할 수 있음이 분명합니다. 하지만 우리는 우리가 믿고 싶은 것만을 보게 되는 경향이 있습니다. 어디 말씀뿐이겠습니까 만은 세상 그 어느 것보다 성서를 그렇게 본다면 영혼의 샘이 혼탁해질 수밖에 없습니다.

엘륄은 이러한 우리의 인식을 바로 잡아 주기 위해 예수를 전인격 차원에서 파악하고자했습니다. 인간으로서의 예수의 면모는 그에게 닥친 모든 고통을 피하지 않고 그 뿌리까지 감내하는데 있었습니다. 온갖 종류의 고통을 다 담당하여서 인간으로서는 그보다 더한 고통을 당하는 이가 없도록 한 것입니다. 이렇듯 인류에 대한 사랑을 전하는 예수의 여정을 엘륄은 성서구절의 행간의 뜻을 따라 면밀하게 보여주었습니다. 더구나 말씀을 읽을 때 돌부리에 걸린 듯, 뜻을 헤아리기 석연치 않은 구절들을 속 시원히 풀어 주기도 했습니다. 풀어 주는 차원에서 머물지 않고 읽는 사람에게 예수를 새기는 아픔도 함께 전합니다. 굳이 아픔이라 표현하는 것은 예수의 고난이 신성을 지닌 예수의 인간조건을 통하여 인간인 나에게 실감나게 전달되기 때문일 것입니다.

오늘을 사는 현대인은 이천 년 전 예수가 이 땅에 올 수 밖에 없었던 그 시절과 하등 달라진 바가 없습니다. 내 안의 악을 그대로 둔 채 세상의 그 모든 악들을 향해 한 마디씩 내뱉고 있습니다. 마치 나는 그러한 악에 면죄부를 받은 양, 양의 탈을 쓰는 겁니다. 자신 안의 악을 직면하는 것이 곧 예수를 만나는 길이요 하늘이 열리는 구원의 문이 될 터인데, 사람들은 자기 자신을 스스로 감당할 수 없어 온갖 도피처를 찾곤 합니다. 돈과 권력과 에로스 그리고 종교는 그런 인간이 자주 빠지는 함정입니다. 이를 아담 이래로 어떤 인간도 자유로울 수 없었던 인간의 멍에라고 단언하면 너무 가벼운 입방아가 될지도 모르겠습니다.

엘륄의 소박한 문체는 투박하기까지 하지만, 그런 만큼 정갈한 느낌으로 다가왔습니다. 고마운 것은 가슴 한켠에서 떠도는 말들을 엘륄이 이미 글로 남겼고 그것을 내가 읽을 수 있게 되었다는 것입니다. 나라마다 언어를 달리하여 흩으신 바벨탑 사건이 없었다면 내가 할 수 있는 일도 없었을 것입니다. 존재의 깊은 의미를 새기는 일은 기쁨이었지만, 몇 달간 우리말에 맞는 어휘를 고르는 작업을 하면서 능력부족 탓에 스스로 인간적인 시험에 시달렸다는 것을 고백합니다. 곁에 있는 글 솜씨 좋은 남편의 지적은 핀잔처럼 달갑지 않았지만 덕분에 읽을 만한 원고가 되었습니다.

한국자끄엘륄협회 선생님들과 대장간 대표님, 책을 위해 수고하신 분들에게 감사의 마음을 전합니다.

2010년 초겨울 여수 여자도에서
옮긴이 김은경

서문
예수의 고난과 시험

I. 참 인간과 참 하나님

이 책에선 복음서를 주의 깊게 세세하게 살펴보려고 합니다. 덧붙이거나 상상하지 않으면서 어느 것도 놓치지 않도록 할 것입니다. 우리가 살펴볼 내용은 고난과 시험이라는 관점에서 바라보는 나사렛 목수의 아들, 인간 예수에 관한 것입니다. 우리는 예수가 완전한 인간이자 완전한 하나님이라고 쉽게 고백합니다만 다들 이 두 가지 본성 중에서 어느 한 면만을 더 강조하고 싶은 유혹을 느낍니다. 우리는 오랫동안 예수에게서 먼저 하나님의 성육신을 보아 왔습니다. 완전한 하나님인 예수는 우리와 똑같이 고통을 받지 않았으리라고 보는 것입니다. 예수의 신적인 본성은 고난을 초월하게 했다는 말입니다. 또한, 그가 받은 고난을 십자가에 못 박혀 있었던 여섯 시간으로 축소하기조차 했습니다. 즉, 사도신경의 구두점을 변경시킴으로써 우리는 '본디오 빌라도에게 고난을 받아' 라고 한 뒤에 '십자가에 못 박혀'라고 합니다. 그러니 예수는 본디오 빌라도에게서만 고난을 받았다는 말입니다. 반면 라틴어 문법구조에 맞는 원전은 "그는 고난을 당하였으며, 본디오 빌라도 아래서 십자가에 못 박혔다"라고 합니다. 사도신경의 창안자들은 예수의 전 생애와 가르침 가운데 한 가지 사실만을 채택했습니다. 즉, '그는 고난을 당하였다'는 것입니다. 이 점은 그가 '고난받는 종'이란 예언을 성취한 사실과 정확히 일치합니다.

우리는 예수가 받은 십자가의 고통은 옆에 있던 두 죄수의 경우와 같지 않다고 믿고 싶은 유혹을 자주 받습니다. 그는 하나님이기 때문이지요. 그러니 그는 고통도 더 쉽게 견디었을 겁니다. 그렇다면, 그의 죽음은 어떨까요? 하나님으로서 그는 자기가 부활하리라는 것을 알았으므로 그가 겪은 죽음은 다른 모든 인간의 경우와는 당연히 다르겠지요.

우리가 가진 이러한 생각들과 그에 따른 느낌들은 그리스도가 완전한 인성을 지녔다는 사실과 전혀 맞지 않습니다. 이 점을 좀 덜 민감한 문제에 적용시켜 말해도 믿는 사람들은 곤혹스러워하기 일쑤입니다. 예수는 그 시대 사람들이 지리나 물리나 천문학에 대해 잘못 알고 있던 사실들에 대해 똑같이 무지했을까요? "그래도 그분은 하나님이신데다 알고 계셨을 거예요"라고 대답하는 사람들이 있습니다. 하지만, 그는 완전한 인간이었기 때문에 다른 사람들과 마찬가지로 잘못 알고 있었습니다. 그는 어떤 가식이나 술수도 없이 인간 조건을 모두 다 있는 그대로 감당하였던 것입니다.

복음서 속에서 평범한 한 인간으로서 '그가 모든 일에 시험을 당하였' 던 내용이 전개될 때 문제는 더욱 첨예해집니다. 형편없는 수준인 스코세이지[1]의 영화가 문제를 일으킨 이유는 예수가 받은 시험들이 모든 영역에서 실제로 겪은 것이라는 사실을 우리가 받아들이지 못하기 때문입니다. 부지불식간에 드는 우리의 생각은 이렇습니다. "그분은 하

---

1 [역주] 미국 영화 감독, 니코스 카잔차스키의 소설 『그리스도 최후의 유혹 The Last Temptation of Christ』을 영화화함.

나님이시기 때문에 유혹을 거부하기 쉬웠던 거야! 그게 유혹이란 걸 알고 있었으니까 쉽게 아니라고 할 수 있었던 거지. 그렇지만, 우리는…" 복음서를 보더라도 우리의 이런 생각은 틀린 것입니다.

예수의 생애를 더 깊이 살펴보면 모든 시험은 그에게 고난이었고, 온갖 고난엔 시험이 따랐습니다. 우리가 겪는 고난과 시험보다 훨씬 더 심했지요. 우리가 고통을 접할 때 의사를 찾거나 치료를 받는 것 이외에 우리는 그대로 겪을 수밖에 없습니다. 반면 하나님으로서, 예수는 이런 고통을 멈추게 할 수 있지 않을까요. 그러니 그는 고통을 겪지 않을 수도 있었을 겁니다. 그러나 인간의 수준에 머무르기 위해 그는 그러기를 원하지 않았습니다. 그는 그저 한 마리의 양처럼 도살장에 끌려갔습니다. 이제 완전한 인간인 예수가 겪는 인간 조건을 완벽하게 보여주는 복음서를 따라가 보고자 합니다.

역사적 예수와 신앙적 그리스도

사실 신학자들은 수십 년 전부터 신학의 방향을 바꾸었습니다. 유행되던 구호 중 하나가 역사적 예수와 신앙적 그리스도 사이의 구별이었습니다. 그와 같이 해서 우아하게 그 문제를 제거해 버린 셈입니다. 그리고 신앙적 그리스도, 메시아, 하나님의 아들, 권능을 행하는 자, 부활한 자로서의 예수를 부각시켰습니다. 그것이 신앙을 위해서는 잘못된 게 아닐지 모릅니다. 그러나 어쨌든 그것은 신앙에 의해 또 신앙을 위해 만들어진 것입니다. 그것은 역사적으로 인정할 수 없는 것으로 예수의 실제 삶의 일부분이라고 볼 수 없습니다. 그 이유는 그러한 사실들은 역사적인 방법2으로 확인될 수 없고, 인간의 이성적인 판단으로는 사실이 아닌 것으로 상정되기 때문이라는 것입니다. 역사는 이성적으로 파악할 수 있는 일들만을 입증할 수 있습니다. 역사에는 자명한 합리적인 전제 사항들이 불가피한 것입니다. 신앙적 그리스도는 예수라는 인물을 활용한 바울이 고안한 인물로 보입니다. 그렇다고 그 존재를 부정해야 할 것은 물론 아닙니다. 그의 존재는 그를 믿는 사람들에게 맡겨야 할 것입니다. 이런 논리를 따르다 보니 오래된 한 이론을 재발견합니다. 어휘만 새롭게 바뀌었을 뿐인 예전의 "자유주의-합리주의" 신학 이론 말입니다. 복음서에서 합리적으로 설명되지 않는 것은 모두 다 버려야 한다고 주장하는 이론이지요. 이제 여기선 합리성이 잣대가 아니고 역사입니다. 하지만, 매한가지입니다. 인간과 하나님을 분리하는 것은 예수와 그리스도를 나누는 것입니다.

 타이슨의 소설『갈릴리인의 그림자』3 속에는 이 이야기가 재미있게 표현되어 있습니다. 거기서는 복음서에서 합리성과 역사성을 해치지 않고 보존할만한 모든 것을 보존하기 위해 가상한 노력을 한 것을 엿볼 수 있습니다. 예컨대 오병이어의 기적을 설명하는 부분은 놀랍습니다. 알다시피 부유한 여인들이 예수를 도왔습니다. 그래서 소설에서 잔느는 그에게 **빵과 과일 등등**을 보냈다고 말합니다. 오병이어의 그날 바로 이와 같은 물품이 도착했을 수 있었던 겁니다. 당시 군중은 이러한 음식물의 '출현'을 두고 기적이라 여기게 되고, 이젠 아무 부족함이 없음을 깨닫게 되었을 때 각자 짐 꾸러미에서 지금까지 숨겨뒀던 식량을 꺼

---

2 게다가 복음서에 실린 다른 "사실"들도 더 증명할 수 없다는 것을 명심하십시오.
3 게르트 타이슨 Gerd THEISSEN, 『갈릴리인의 그림자 *L'Ombre du Galiléen*』, Le Cerf, 1989.

내 놓습니다. 그래서 모든 이가 배불리 먹게 된 것입니다. 한 사람 한 사람의 이기주의가 사라져 버렸을 뿐인데 기적이 일어난 것입니다! 적당히 필요한 만큼의 손질을 가함으로써 작가가 소설의 등장인물들을 통해서 사람들 사이에 회자하는 기적의 이야기들이나 지침이 되는 교훈거리를 '이야기하듯이' 줄거리를 이어나가고 있습니다. 이 소설에서는 평범한 사람들의 입에서 나오는 그럴듯한 말에 유념하게 됩니다. 하지만, 전혀 실제 얘기는 아닙니다. 그러니 그냥 재치 있는 허구로 알고 넘어가지요.

그렇게 신앙적 그리스도에서 역사적 예수를 떼어 분리시켜보면, 고난과 유혹을 받은 모든 이야기가 당연한 것이요 개연성 있는 것이요 자명한 것이 됩니다. 역사적 예수가 다른 이들처럼 인간이라면 그가 유혹을 받은 건 당연합니다. 어쨌거나 스코세이지의 영화는 당연한, 조금도 문제 될 수 없는 것을 보여주는 게 고작입니다. 우리는 거기서 또 다른 극단을 보게 됩니다. 이 역사의 예수는 고난을 당하였고, 시험을 당했습니다. 이 점은 정작 언급할 필요조차 없어 보입니다. 그래서 예수의 자연인으로서의 이야기는 실제로 거의 암시조차 되지 않습니다.

시간이 조금 흐르고 나서 사람들은 하나님의 아들로서의 메시아라는 측면을 외면하게 하는 예수의 이러한 인성의 또 다른 이면을 붙잡으려 합니다. 몇 해 전에 많은 신학자가 정치가 예수를 채택했습니다. 물론 좌파이면서, 사회주의자요 혁명가요 로마인에 맞서 대항하는 애국자로서 말이죠. 몇 번이나 지적하는 얘기지만 사회주의자 예수에 관한 견해는 전혀 새로운 게 아니라는 겁니다.4 이처럼 예수의 인성에 전적

---

4 1925년에 출판된 Barbusse 바르뷔스의 『예수 *Jésus*』 참고.

으로 동의하면서 그중에서도 유독 정치적인 한 측면만을 고집하는 신학자들과 역사가들이 있습니다.

한편에는 연약함이 있고, 또 다른 한편에는 '도덕적인 문제들'이 있는 그 인성 자체는 완전히 등한시되었습니다. 인성의 그러한 측면들은 열정적인 정치가나 열렬한 혁명가에겐 전혀 흥밋거리가 되지 않는 것입니다. 예수의 인성을 인정한다는 것이 곧 예수에게서 로마인들에 대항하는 투쟁가요 게릴라 혹은 한 무리의 지도자나 뛰어난 정치가(사람들은 예수의 '혁명가적 전략'에 대해서 언급하지 않았던가요, 그것은 역사적으로 부정되어야 할 것입니다. 그 전략이란 것이 형편없기 때문입니다. 정말 스파르타쿠스의 전략보다도 못한 것이지요.)로서의 모습을 끌어내려 하는 것에 그친다면 그것은 예수를 우롱하여 정치가 판치는 혁명이라는 낡은 이데올로기 속으로 강제로 밀어 넣는 것입니다. 그러한 예수의 '인성'은 인정받기 어려워 보일 뿐 아니라 그를 따랐던 제자들의 믿음과 애정과 증언에도 들어맞지 않습니다.

예수의 고통

예수가 시험을 당하는 동안에 겪었을 그의 연약함과 고통의 탄식을 들으려 하는 사람을 나는 어느 편에서나 보지 못했습니다. 더욱이 예수가 진정 하나님의 아들이라면 너무도 인간적인 그 고통이 하나님에게 주어진 시험이라는 사실도 깨달아야 합니다. 이러한 조명 속에서 복음서를 내가 다시 읽게 된 동기는 호기심이 아니라 아들과 아버지의 관계를 깊이 있게 다루고 싶은 마음 때문입니다. 그렇게 하면서 하나님 아버지를 더 잘 알고자 하는 바람이 있습니다. 또한, 이러한 글을 쓰는 연유가 감수성이 예민한 영혼들을 감동시키기 위한 것도 아닙니다. 이제 여기서 나의 이 작은 연구서가 가지는 또 다른 중요한 면을 말하고자 합니다.

내가 예수의 고난에 대해 얘기할 땐 어떤 경우라도 "고난의 신학" 이론을 세우려는 것은 아닙니다. 예수의 고난에 참여하고자 하는 것도 아닙니다. 그것과는 정반대로 예수 그리스도가 우리 자신의 고난의 삶에 참여하는 것을 다룹니다. 또한, 키에르케고르의 『고난의 복음』을 다시 쓰려고 하지 않을 것입니다. 그 책에는 확실히 훌륭한 내용이 많습니다만, 키에르케고르의 저서 중에서 내가 그 내용에 전부 다 동의할 수는 없는, 몇 안 되는 드문 작품 중의 하나입니다. 나는 고난 당하는 예수에게 고난은 전혀 반가운 소식이 아니었다고 생각합니다. 고난 당하는 예수는 우리와 참으로 가까워집니다. 우리는 받는 고난들을 통해서 그의 고난에 함께 합니다. 그렇다고 너무 멀리 가진 맙시다. 예수가 고난받은 것을 알게 되었다고 해서 우리도 고난받기를 원하게 되어서는 안 됩니다.

예수가 결코 고난을 구하지 않은 바로 그 점은 여기서 본보기가 될 만합니다. 신비한 것이나 영적인 것을 비판하는 데 대해서는 많이 조심스럽지만, 고난을 찾고 구하는 것은 절대적으로 거부해야 한다고 봅니다. 또한, 전통적으로 '육체의 고행'이라 불러온 것이 근본적으로 반기독교적인 것임을 분명히 밝히겠습니다. 고난 당하는 예수를 봄으로써 그가 우리와 같다는 것을 알게 됩니다. 그와 같다는 것은 고난이 다가올 때 우리가 그것을 용납한다는 것입니다. 그렇다고 우리가 고통받기를 원한다는 것은 정말 아닙니다. 나는 이 점에서 구원과 속죄를 얻으려고 고난받을 것을 주장하는 잘못된 신학에 따라 기독교 신앙이 병적인 방향으로 인도될 수 있다는 점에 동의합니다. 그것이 범하는 엄청난 잘못은 두 가지입니다. 하나는 예수의 고난으로 말미암아 우리가 구원을 얻게 된 것이라 믿는 것입니다. 실상은 예수의 죽음이 모든 희생을 완성하여 하나님의 사랑과 우리에게 내려주신 은총을 증명하는 것인데 말입니다. 또 다른 하나는 고난을 당하는 것이 우리의 구원을 확증하는 공로에 해당한다는 것입니다.

고난을 받는 것이 하나님을 기쁘게 하는 것이라고 믿는 것에 대해 많은 비기독교인이 격앙된 반응을 보이는 것을 이해합니다. "신자들에게 집단 학살과 매질과 고행과 고문을 당하도록 강요하고 거기서 즐거움을 찾는 기독교의 이 하나님은 도대체 어떤 존재인가!"라며 그들이 항의하는 것은 정당합니다. 이는 분명히 예수 그리스도에 의해서, 그리스도 안에서 계시된 하나님과는 정반대입니다. 성경적으로 고난은 공포입니다. 이는 사단의 행위요, 악마가 기뻐하는 것입니다. 이 주제에 관해서는 욥기가 명확한 결론을 내립니다. 욥기는 어디서도 고난이 선한 일이나, 긍정적인 가치가 있는 일이라고 말하지 않습니다. 고난은 창조의 세계에서 인간과 하나님의 관계가 단절되어서 발생한 불행한 일입니다. 우리가 예수와 같이 고난과 시험을 견뎌내도록 부름을 받은 것은 확실합니다. 이는 지금까지 살펴본 고난과 시험 사이의 관계를 볼 때 분명한 것이며 복음서를 계속 읽어가는 가운데 더더욱 확실해질 것입니다. 우리가 고난 당할 때 "하나님께서 이 고난을 내게 주셔서, 나는 고난을 기쁘게 받는다"라고 말하지 말아야 합니다. 하나님은 누구도 고통받게 하지 않을뿐더러 아무도 시험에 들게 하지 않습니다. 우리는 그 사실을 뒤에 살펴보게 될 것입니다. 그러나 우리는 고난을 통해서 나쁜 하나님이 나에게 고통을 준다는 식으로 하나님에게서 멀어지는 쪽으로 나아갈 수 있습니다. 또한, 역으로 고난을 통해서 하나님이 아주 멀리 있는 것 같지만, 구체적인 삶 가운데 함께 하시는 것을 체험하면서 하나님을 더욱 깊이 사랑하게 하는 쪽으로 나아갈 수 있습니다. 거기에 고난의 복음이 있을 수도 있겠죠. 그러나 다시 한 번 강조하지만, 복음서 속에는 고통의 가치를 주장하는 어떤 고통주의도 있을 수 없음을 알아야 합니다.

이런 주제에 대해서 불가지론자들이 자주 던지는 마지막 질문이 하나 있습니다. "만일 고통이 하나님이 바라는 것이라면 의술과 같이 고통에 맞서는 온갖 투쟁은 하나님의 의지에 반하는 것인가?" 나는 이미 앞에서 이러한 추론이 가진 잘못된 전제에 대해 답했습니다. 그러나 복음서를 보면 예수는 그를 찾아온 모든 고통 받는 사람들을 치유했다는 사실을 또한 기억해야 합니다. 자주 나에게 주어지는 이 질문 속에는 아도미넴 논법 ad hominem 5이 있습니다. "당신이 기술의 적이라면, 당신은 의술에 적대적이어야 합니다!" 하지만 저는 의술이나 외과수술에 조금도 적대적이지 않습니다. 저는 하나님이 섭리하시는 역사에 반하지 않는 한 완벽하게 의료 활동을 지지합니다. 어쨌든, 고통은 끝도 없습니다. 게다가 이 점은 오늘날 의학이 발견하는 바가 아니겠습니까. 번번이 의술은 또 다른 고통을 증가시킬 뿐입니다. 매번 한 가지 고통을 이겨낼 때마다 또 다른 고통이 불쑥 찾아옵니다. 이것은 질병도 마찬가지입니다. 끔찍하게 생명을 앗아갔던 결핵도 퇴치되었습니다. 그런데 그때 암이 와서 정확히 그 자릴 차지합니다. 이젠 암을 거의 퇴치하게 되었는데 에이즈가 퍼지는 것 같습니다. "병에서 어서 나으세요, 나으시면 여전히 우리 주변과 우리 안엔 그만큼의 고통이 또 찾아온답니다" 라는 식이죠.

---

5 [역주] 상대방의 감정, 이해관계, 편견, 모순 따위를 들어 반박하는 논법.

고통에 대한 투쟁은 가난과 불의 또는 부의 균등한 분배를 위한 투쟁과 마찬가지입니다. 어떻게 내가 이러한 문제들에 대해 대항할 수 있을까요? 예수가 "가난한 자는 복이 있나니"라고 말했기 때문일까요? 그러나 우리는 거의 2세기 전부터 프랑스며 유럽에서 쉼 없이 정의를 구하고, 가난에 종지부를 찍으려고 했습니다. 하지만, 내가 확인하는 바는 공산주의 국가들의 경우처럼 또 다른 식으로 고통이 증가하는 것입니다. 게다가 이러한 국가들 내에서는 더욱 가중되는 경제적 궁핍 이외에도 또 다른 부문의 궁핍들이 있습니다. 물론 어떻게든 가난을 물리쳐야만 합니다. 예수가 우리에게 "가난한 사람들은 언제나 너희와 함께 있다"라고 한 말의 뜻은 적어도 "내버려 두어라 그 일엔 상관 마라."라는 뜻은 아닐 테고, 오히려 "너희는 결코 가난과 궁핍이 끝나는 것을 보지 못하게 될 것이다"라는 뜻일 것입니다.

모든 인간조건을 수용한 예수의 이러한 고통에 대해 깊이 묵상해보는 것이 중요합니다. 아주 작고, 아주 일상적인 고통, 누구나의 고통 말입니다. 거기다 우리가 겪는 시험과 같은 유혹까지 덧붙일 수 있습니다. 이러한 것이 예수의 인성입니다. 그는 초월적 인간이 아닌 한 사람의 인간이며, 혹은 인간 조건 위에 있는 완벽한 인간이 아니라 순전한 인간, 일희일비하는 평범한 유대인입니다. 여기에 바로 성육신의 엄청난 사건이 있습니다. 하나님이, 완전한 하나님이 이러한 보통 사람으로 온 것입니다. 이 신성을 지닌 인간은 인간 조건에 전적으로 순종했습니다. 나는 이 사실을 밝히려는 의도 외에 다른 뜻은 없습니다. 그래서 내가 할 수 있는 말은 예수의 고난과 시험의 관점에서 복음서를 읽는 순간, 지나가는 짧은 말일지라도 그 사실을 환기시키는 성경 본문이 수없이 많은 것에 깜짝 놀랄 것입니다.

II. 유혹은 무슨 뜻입니까?

이제 유혹에 대해 한마디 해야겠습니다. 우선, 아주 분명히 하나님은 아무도 시험하지 않으신다는 것을 거듭 확인할 필요가 있습니다. 야고보서의 말씀은 단호합니다. "시험을 당할 때에, 아무도 '내가 하나님께 시험을 당하고 있다'라고 말하지 마십시오."약1:13 유혹을 '시험'으로 본다 하더라도 하나님은 자녀의 믿음과 사랑이 굳건한지 보려고 자녀를 시험에 임하게 하며 기쁨을 느끼지 않습니다. 최악에는, 하나님은 욥기의 도입부에서 볼 수 있듯이 하나님에게 도전하는 사단이 인간을 유혹하도록 허락할 수 있습니다. 그러나 바울은 이러한 확신을 공고히 합니다. "여러분에게 임한 시험 중에 인간에게서 오지 않은 시험은 하나도 없습니다." 그러므로 '우리를 시험에 들게 하지 마옵시고'나 '시험에 빠지게 하지 마옵시고' 같이 잘 알려진 번역은 터무니없는 것입니다.

악

유혹은 그래서 악한 영의 작품일까요? 그렇게 볼 수도 있습니다. 설사 한 인간의 영이라 하더라도, 이 영을 인격화하지 않고, 악마나 사단을 인간의 실체와 같은 실체를 가진 인격적인 존재들로 만들지 않는다면 말입니다. 나는 '사탄Shatân'은 바로 '고소하는 자'라는 사실을 자주 유념하게 됩니다. 이 말은 무슨 말이냐면 고소하는 사람이 있는 곳은 어디든 비난의 영이 있고, 거기엔 사탄Shatân이 있습니다. 하지만, 이 모든 일엔 사람들만 있어도 충분합니다. 한 사람이 다른 사람을 비난하면 그는 (이 경우에는 보통명사가 된) 사탄shatân에게 속한 것입니다. 사탄은 세상에 있는 사람들이 다른 사람들에게 가하는 온갖 비난의 합산이며 총체, 혼합체에 지나지 않습니다. 사람에게 이러한 비난을 '불어넣는' 것은 인간에 예속되지 않은 '영'이 아니란 거지요. 비난은 인간의 마음에서 홀로 올라옵니다.

악마diabolos가 분리의 영인 것과 똑같이 말입니다. 우리가 싸울 것은 혈과 육이 아니요 통치자들과 권세들exousiai과 이 어둠의 세상 주관자들cosmocrates과 하늘에 있는 악의 영들pneumatika tes ponerias이라고 바울이 말할 때 언급한 그 권세들Exousiai을 내가 과소평가해서 그렇게 말하는 건 아닙니다. 우리의 원수들은 바로 '영적인' 원수들로서 높은 위치에 오르기도 하지요. 그렇지만, 그것은 각각의 인격화된 전형이 고려되지 않은 것입니다. 무슨 뜻인가 하면 모든 '통치자archonte'는 정치적이거나 다른 영역에서 이 땅의 권력자로서 세상에 대한 그의 권력과 지배를 보장하는 그의 분신이나 대리자나 지체를 일종의 '잉여분surplus'으로 가지고 있습니다. 모든 '권세들'에게도 마찬가지입니다. 이것은 세속의 권력자와 그 '천상의 권위'를 지칭하는 데 쓰이는 것과 똑같은 단어입니다. 실제로 온갖 권력의 배후가 되는 셈이지요. 저 유명한 격언은 묵상하면 할수록 좋습니다. "모든 권력은 부패하고, 절대 권력은 절대적으로 부패한다."[6]

선한 권력자나 의로운 권세자는 어디에도 없다고 할 수 있습니다. 인간은 어떤 사람이든지 간에 다른 사람들 위에 군림하는 권력을 갖자마자 부패합니다. 게다가 이러한 부패는 고문이나 권력의 남용, 허위 계산서 등과 같은 조잡한 모습을 띠고 있지 않습니다. 그렇습니다. 그것은 아주 단순하고 아주 직접적인 지배로서 그 자체 안에 부패가 있습니다.

---

[6] [역주] 영국의 역사학자 액튼 경의 유명한 격언.

또한, 그러한 부패는 너무나 추상적이고, 너무나 세련되고, 너무나 섬세해서 정치적으로 분석해서는 감지할 수 없을뿐더러 인간의 능력과 미덕으로도 어떻게 할 수 없는 '영적인' 모습을 지니게 됩니다. 그래서 바울이 '더없이 높은 권좌'에 거한다고 말했지요. 내가 다른 곳에서 돈에 대해 말할 때 언급한 '잉여분'이라는 것은 정치권력의 온갖 합리적인 요인들을 다 분석한다 해도 여전히 문젯거리로 남고 마는 것입니다. 아무리 세밀하게 분석한다 하더라도 결국 이런 의문에 부딪히고 맙니다. "왜 사람들은 일반적으로 아무런 저항 없이 이러한 권위에 복종하고 마는가?" 복종하는 자의 부패에 따라서 발생하는 지배하는 자의 인간적 부패가 도를 넘어 지나치게 많아집니다. 내가 다른 데서도 언급했던 것과 같이 그것은 선전자와 피선전자 사이의 공모와 같은 것입니다. 바로 그것이 우리 인간들이 공통으로 가지는 죄의 가장 교묘한 유형임이 틀림없습니다.

이처럼 모든 시험은 인간에게서 나옵니다. 하나님이 우리를 시험하지 않을뿐더러 우리 밖에 있는 악마는 더더욱 아닙니다. 야고보서가 확실한 단서를 주고 있습니다. "사람이 시험을 당하는 것은 각각 자기의 욕심에 이끌려서, 꾐에 빠지기 때문입니다."약1:14 시험의 열쇠는 우리 각자 안에 있는 탐욕에 있습니다. 탐욕의 이면은 권세의 영이라고 불리는 것이지요. 나는 탐욕이 모든 시험의 근저에 있다고 봅니다. 하지만, 탐욕이 인간 존재에게 임할 때는 권세의 영의 형태를 보입니다. 그래서 나는 한 번 더 탐욕에 대해 말하고자 합니다. 탐욕은 우리의 질문을 푸는 열쇠입니다. 야고보는 그 사실을 완벽하게 알아냈습니다. 탐욕은 모든 죄의 근원입니다. 가장 낡고 저열한 탐욕으로 육체의 정욕이 있습니다. 그리고 안목의 탐욕과 이생의 탐욕이생의 자랑, 요일2:15-16이 있습니다. 탐욕은 곧 교만으로서 지배의 영과 합쳐지게 됩니다. 모든 것이 이 탐욕에서 옵니다. 사람의 마음속에서부터 증오와 음행과 살인과 도둑질과 인색함과 동성애와 악의와 거짓말과 방탕과 음모와 교만과 그리고 마지막으로 광기가 나옵니다. 이러한 모든 것이 탐욕에서 기인합니다. 마가복음에서 예수 자신이 그 사실을 말합니다.막7:20-23

이 모든 것에는 두 가지 강력한 버팀대가 있습니다. 먼저 십계명의 마지막 계명은 '아무것도 탐하지 말라'입니다. 덧붙여 말하자면, 그 계명이 마지막인 것은 그것이 결론인 동시에 종합인 까닭입니다. 네 곁에 우상을 만들어 탐하지 말라두 번째 계명. 하나님의 이름을 소유하려고 탐하지 말라. 이웃의 재산(도둑), 이웃의 아내(간통), 이웃의 생명을 탐하지 말라. 이 모든 것이 탐욕에 뿌리를 두고 있습니다. 이러한 해석의 또 다른 버팀대는 하나님과 인간의 관계단절을 담은 창세기에 나오는 간단한 이야기입니다. 거기서 탐욕의 두 차원을 봅니다. 여자는 나무를 쳐다보니 열매가 먹음직스럽게 보였고(안목의 탐욕), 사람을 슬기롭게 할 만큼 탐스럽게 보였습니다(지식욕?). 이는 뱀이 불러일으킨 탐욕과 일치합니다. "너희는 하나님처럼 되어서, 선과 악을 알게 된다." 이는 하나님처럼 되려는 절대적 탐욕입니다!

거기서 사실 모든 것이 파생되어 나옵니다. 특히 현재 이 세상에서 우리가 경험하는 것 말입니다. 즉, 명백하게 악한 것을 선한 것으로 선포하고 (조국을 위하여 또는 정당을 위하여, 또는 종교를 위하여 살인하라는 것과 같은 예), 그리고 하나님이 선이라 한 것을 악한 것으로 선포하는 것입니다 (권력의 거부와 인간의 진정한 자유와 진정한 자율을 위한 투쟁 등의 예). 이러한 탐욕이 타인을 향하여는 극대화됩니다. 그래서 탐욕은 사랑의 반대입니다. 그것은 타인을 지배하려는 것입니다.

그 타인이 여자건 어린아이건 패배자건 예전의 흑인들이건 누구건 말입니다. 요즘은 권세의 영이 이슬람에 임하여 서구를 적대시하고 있습니다.

탐욕과 권세의 영은 각자의 마음속에 있으면서 개별적인 특성이 있습니다. 모든 사람이 이 탐욕을 가지고 있으므로 사회 전체가 그것을 부추깁니다. 그리고 권세라는 현상이 발생합니다. 다시 말해서 한 사회의 모든 개인이 각각의 권력을 합치는 것에 그치지 않고, 그 이상의 권력을 창출한다는 것입니다. 그렇게 창출된 사회의 권력은 사회에 개인이 가늠할 수 없는 특성을 부여하고 또한 궁극적인 가치를 부여하여서 개인을 통제하고 사회만이 정당하게 여겨지게 합니다(민주주의에 대한 잘못된 이해는 거기서 연유하죠). 그리고 그 사회로부터 이차적인 권세의 영, 이차적인 탐욕이 발생합니다. 그것은 개인에게 사회가 절대적인 진리라는 느낌이 들고 사회로 진출하는 데서 개인적인 탐욕의 충족을 찾게 합니다. 유혹은 그래서 우리의 인격에 그 근원을 두고 있으며, 그것이 성사될 기회를 자주 제공하는 사회에서 그 정당성을 찾습니다.

그러나 유혹이 일어나기엔 탐욕이 존재하는 것만으로는 충분치 않습니다. 탐욕은 우리의 마음속에 갇힌 채로 있어서 우리를 괴롭게 하는 것으로 그칠 수 있습니다. 야고보가 말하기를 우리는 욕심에 이끌리고, 현혹되고, 꾐에 빠진다고 했습니다. 거기엔 욕심을 잉태할만한 외적인 상황, 즉 우연하거나 계획된 만남이나 사건이 있어야만 합니다. 돈에 굶주린 사람은 그의 수중에 갑자기 돈이 생긴다면, 돈을 훔치지 않을 것입니다. 에로스에 사로잡힌 남자는 돌연 그의 연인이 되어 그를 반갑게 맞아주는 여성을 만나기까지는 번민과 괴로움 속에 지낼 수 있겠지요. 이처럼 유혹은 탐욕과 상황의 조합입니다.

마음속에 탐욕이 없다면 누구를 만나더라도 변할 게 없습니다. 탐욕은 기회가 없으면 드러나지 않습니다. 그래서 보다시피 이 모든 것은 너무나도 단순하고 자연스럽습니다. 악마도 신비한 능력도 다 필요 없습니다. 야고보 사도가 말하기를 그런데 이 모든 것이 죄를 불러일으킨다 하였습니다. "욕심이 잉태하면 죄를 낳는다." 그렇다면 하나님이 탐욕과 상황이 만날 때 개입하기 위해서 지극히 작은 일도 하나하나 지시한다는 식의 비성경적인 생각을 붙들어야만 한단 말인지요. 아닙니다. 하나님은 그 일과는 상관없습니다. 거기엔 인간과 사회로 충분합니다.

예수는 유혹을 당했을까요?

이제 여기 전율하지 않고는 던질 수 없는 이 두려운 질문을 맞이하게 되었습니다. 예수도 유혹을 당했을까요? 실제로 유혹을 겪었을까요? 세 가지 시험에 대한 복음서의 본문을 인용하면서 답하는 것만으론 충분치가 않습니다. 그 본문은 뒤에 자세히 살펴볼 것입니다. 우리는 인간 예수는 시험을 당했다고 대답합니다. 그렇지만, 그는 예수 그리스도이며 하나님의 아들이자 하나님 자신이기도 합니다. 여기에 아주 지대한 어려움이 있습니다. 즉 그가 하나님이기에 실제로 유혹을 받을 수 없다고 한다면 위에서 고난에 관해 논할 때 빠진 오류에 다시 빠지게 됩니다. 이 거짓 유혹은 하나님인 그가 그 유혹에 넘어갈 수 없으므로 하나의 희극이 될 수밖에 없다는 것입니다! 이 희극은 십자가의 고통에 대해 사람들이 그를 십자가에 못 박는 시늉만 했다는 어느 신학적인 주장과 궤를 같이합니다. 그래서 그처럼 전 인류 사상 가장 심오하고, 장중하며, 결정적인 사건을 풍자극으로 만들고 말지요. 그러나 그렇지 않습니다. 예수는 실제로 유혹을 당했습니다. 이제 그 사실을 복음서를 통해서 누누이 확인하게 될 것입니다.

하지만, 그 질문을 끝까지 밀고 가야 합니다. 예수는 왜 유혹을 당하였을까요? 사단에 의해서겠죠? 하지만, 처음에만 그러지 않았을까요? 그런데 여기서 중요한 것은 반대로 그의 공생애 동안에 수많은 다양한 사람들로부터 같은 유혹들을 받았다는 사실입니다. 그래서 그 유혹들을 통해서 그의 마음에 탐욕7을 불러일으킬 수도 있었다는 것입니다. 내가 여기서 하는 말은 많은 사람들에게 충격을 줄 것입니다. 하나님의 아들과 하나님의 권위에 도전하여, 그가 하나님의 아들이고 하나님이라는 그 사실 때문에 그를 시험하려 한 것은 바로 사람들 자신입니다. 나는 여기서 조금 더 과감하게 다음과 같이 말하고자 합니다. 처음 세 가지 시험은 나중에 복음서 기자들이 이해하고 기록했던 것입니다. 복음서 기자들은 공생애 동안 예수 그리스도가 받았던 유혹들을 이 최초의 세 가지 유혹 속에 종합했습니다. 그래서 악마는 여기서 전 인류를 대표하는 존재로서, 단지 자신의 이름으로 말한 것뿐입니다. 악마는 상징적이고 인위적인 존재에 지나지 않으며, 진짜 유혹자는 개인적이고 사회적인 인간입니다.

사실 이것은 구약에서 이미 알려진 것이 아닙니까? 바벨탑에서 하나님을 향해 인간이 도발한 것, 고모라에서 하나님을 멸시한 것, 예언대로 하지 않았다고 요나가 하나님에게 분노한 것 등이 그걸 말해주지 않습니까? 하나님과의 관계에서 사람들이 세운 형식주의로 말미암아

---

7 여기서 유명한 빌립보서 말씀 2장 6절을 보면, 예수는 하나님과 동등해짐을 노획할 먹이처럼 볼 수도ㄴㄴㄴ었을 겁니다. 코란은 이를 훌륭하게 수정해서 말합니다. "또 다른 신성한 존재가 있었다면 (아들), 그는 자기 자신만의 완전한 신성을 위하여 아버지의 보좌를 찬탈했을 것이 명백하다."

하나님은 "내 백성아 내가 너희에게 어떻게 했기에 너희는 나를 이렇게 대하느냐?"라며 자주 한탄하셨지요. 그렇습니다. 사실 우리는 여기서 막다른 골목에 부딪힙니다. 인간을 시험하는 건 하나님이 아닙니다. 인간이 하나님을 시험하여 분노와 복수심과 극단적인 지배욕을 불러일으키게 합니다. 하나님은 물론 이 모든 것을 행할 수 있습니다. 만약에 하나님이 그렇게 하기로 한다면 하나님은 더는 사랑의 하나님이기를 그만두는 것이 되겠지요.

인간의 행위는 언제나 하나님 아버지를 시험하여 더는 사랑의 하나님이 되지 못하게 하려 합니다. 그러한 행위는 예수가 지내온 고달픈 삶 가운데 분명하게 나타났습니다. 그리스도는 모든 일에 시험을 당했습니다. 더불어 그로 말미암아 인간의 고통을 훨씬 넘어서는 고통을 받았습니다. 왜냐하면, 그가 원하였다면 이러한 고통을 사라지게 할 수도 있었고, 이 시험을 무력하게 할 수도 있었기 때문입니다. 그는 그렇게 할 수도 있었지만 모든 피조물의 구원을 위하여 그렇게 하지 않아야 했습니다.8 이처럼 인간이 단순하게 스스로 유혹에 빠지거나, 다른 이들을 유혹에 빠트리는 게 아닙니다. 바로 하나님을 우리가 시험에 빠트리는 것이며, 이 시험은 불행히도 자주 우리 자신에게 되돌아옵니다. 하나님을 시험하고 나서, 인간은 같은 유혹에 의해 시험을 받게 됩니다.

---

8 아주 생뚱맞지만 나는 프랑스 왕들의 대관식에 사용한 공식적인 문구 중의 한 문구를 언급하고자 합니다. 이는 분명히 기독교적인 영감을 내포한 문구입니다. "전하, 당신은 무엇이든지 다 할 수 있습니다. 그러나 당신이 할 수 있는 모든 것을 다 원하실 수는 없습니다." 이는 왕국의 대법관이 하는 말이었습니다.

어둠 속의 빛

결론적으로 이 고난과 시험의 관계가 요한복음의 서두에 나온 말씀 안에 다 담겨 있다는 것을 강조하고자 합니다. 우리가 흔히 가볍게 지나치고 마는 말씀이지요. "빛이 어둠 속에 왔으나 어둠은 그것을 깨닫지 못하였다." 신념과 이데올로기라는 어둠, 거짓과 종교라는 어둠, 인간이 자신과 가족과 먼 이웃들에게 행하는 악의 어둠, 구성원 개개인들에게 미치는 사회의 어둠, 이성과 과학이라는 어둠들이 있습니다. 우리의 세계는 어둠으로 되어 있습니다. 그래서 인간의 지식이 앞서 나갈수록 우리는 그것을 더욱 신봉하고, 세상의 지식이 발전해 나갈수록 이 사실은 더욱 확실해집니다.

빛이 왔습니다. 많은 빛 가운데 하나의 빛이 아닙니다. 사실 인간을 비추는 다양한 빛들이 있을 수 있습니다. 하지만, 이 빛은 '모든 빛 중의 빛'으로 유일한 빛을 말합니다. 이 빛은 모든 어둠을 사라지게 할 수 있었습니다. 그리고 빛은 그것을 알고 있었습니다. 하지만, 어둠이 빛을 받아들여야만 했습니다. 진정한 빛이 되려면 강요하거나 무력으로 정복할 수는 없었습니다. 어둠의 게임을 다시 시작하여 스스로 어둠이 되어버린다면 빛은 빛이기를 멈출 수밖에 없습니다. 빛은 단지 빛을 받아들이는 제한된 영역 내에서만 빛나고, 반짝일 뿐입니다. 세상을 밝히려고 온 이 빛은 받아들여지지 않아서 고통스러워합니다. 마찬가지로 부활해서 영광을 입은 그리스도는 강제로 들어가지 않습니다. "나는 문 밖에 서서, 문을 두드리고 있다."계3:20 "전능한 왕인 나는 걸인처럼 네가 내게 문을 열어 줄 때까지 기다릴 것이다." 어둠을 모두 다 물리쳐버리려는 것은 빛으로부터 파생된 빛의 유혹입니다. 어떤 강요도 없이 사랑으로 이겨내기 위해 그렇게 하지 않는 것이 이 빛의 고통입니다. 그것으로 예수의 삶은 요약됩니다. 거기서 우리는 가장 심오한 사랑을 만납니다. "오너라. 하지만, 나는 너에게 강요하지 않는다. 나는 너에게 자유를 준다. 그러니, 이제 오너라."

제1장
고난받는 종

Temptation of Christ (mosaic in basilica di San Marco)

제1장
고난받는 종

"그가 우리의 고통을 짊어지셨으며, 우리의 슬픔을 맡으셨다." 사 53:4 달리 말하자면, 인간이 겪는 어떤 고통이라도 그와 상관없는 것이 아니라는 것입니다. 그래서 우리는 이러한 고통의 가장 단순하고, 가장 작은 부분까지도 무시해서는 안 됩니다. 성경 본문이 허락하고 인도하는 한 가장 심오하고, 가장 근본적인 부분까지 돌아볼 것입니다. 더욱 분명히 밝혀야 할 것은 그가 우리의 고통을 짊어졌다는 것은 그가 모든 것을 다 짊어지고 우리의 고통을 없애버렸다는 뜻은 아닙니다. 우리가 겪는 질병과 고문과 슬픔 속에서 그가 우리를 대신 하지는 않습니다. 그는 우리가 아픔을 느끼지 않도록 한다든가, 상처를 입지 않도록 하지는 않습니다. 고통은 자연의 질서가 아닌 창조의 질서에 어긋나는 부당한 것으로서 여전히 무서운 것입니다.

함께 하는 것

고통을 변화시키는 데는 두 가지 방식이 있습니다. 우선, 믿는 사람으로서 우리는 이 고통에서 더는 혼자가 아니라는 것을 알고, 느낄 수도 있다는 데서 오는 고통의 변화를 들 수 있습니다. 누군가가 나와 함께, 나처럼, 내 곁에서 고통받고 있다는 것입니다. 사람들은 '죽을 땐 언제나 혼자다'라는 말을 합니다. 그와 같은 식으로 고통이 남들로부터 우리를 갈라놓는 것을 우리는 얼마나 많이 경험했던가요. 우리를 사랑하는 이들조차 우리의 고통을 모릅니다. 우리가 빠져 있는 시험에 덧붙여 심적인 고통의 시련까지 겪게 됩니다. 믿음을 통해서 우리는 고통과 고뇌의 가장 깊은 곳에서 우리의 고통을 짊어진 존재를 만납니다. 그가 실제로 나와 함께 짊어지는 것이 바로 나의 고통임을 알게 됩니다. 내 고통의 시간에 함께 하는 진정한 동반자가 있어서 그 끔찍함과 그 괴로움과 그 슬픔과 그 단념을 같이 견디고 같이 나눕니다. 내가 그에게로 향하기만 하면, 그와의 관계를 회복하기만 하면, 문이 열리고, 나는 참으로 그와 동행하게 됩니다. 나는 더는 혼자가 아니기에 고통을 덜게 됩니다. 우리 또한 그렇게 살 수 있었던 시간이 얼마나 많았는지요. 죽어가는 사람에겐 그의 손을 잡아주는 것만으로도 그의 고뇌를 좀 덜어줄 수 있습니다. 한 사람의 친구가 있는 것만으로도 비길 데 없는 희망을 얻게 됩니다. 그런데 하나님의 아들이라니요. 그러나 그 사실을 믿음으로 받아들여야만 합니다. 온 마음을 다해서.

자유함

이제 우리가 받는 고난에 두 번째 변화가 일어납니다. 우리가 의식하던 하지 않든 간에, 고난은 늘 어느 정도 형벌처럼 받아들이게 됩니다. 사람들이 흔히 하는 말이 있습니다. "내가 하나님께 무슨 짓을 했다고 내게 이런 불행을 안겨주신단 말인가!" 누구를 막론하고 고난당하는 사람에게는 어느 정도 똑같은 번민이 있습니다. 어떤 이는 자기의 고난을 젊은 시절 잘못에 결부시키기도 하고, 또 어떤 이는 자신이 너무도 부당한 일의 희생양이 되었음을 보게 됩니다. 또 다른 이에게 고난은 자신의 인생 전부에 대한 유죄 선고이기도 합니다. 우리가 받는 고난에서 이러한 점들은 결코 완전히 사라지지는 않습니다. 드러난 사실을 통해서 우리는 깨닫게 되고, 믿음을 통해서 우리는 모든 정죄에서 벗어나게 된 것을 경험하게 됩니다. 왜냐하면, 우리가 받을 모든 정죄와 예수에게 행한 우리의 모든 정죄를 그가 다 가져갔기 때문입니다. 고난의 원인이 되는 정죄를 그가 우리를 대신해서 받은 것입니다. 고난의 뿌리가 뽑힌 것입니다.

세상이 있는 그대로이고 사람들이 새로워지지 않는 이상 고난이 없어지지 않을 것은 분명합니다. 그러나 고난은 그 뿌리가 뽑혀서 고난의 궁극적인 원인이나 동기가 남아있지 않습니다. 나는 이제 내가 받는 고난에 대해서 영적으로 책임이 없게 된 것입니다. 하나님은 이제 나에게 고난을 가져오거나 나를 벌하기 위해서나, 더더구나 나를 정결하게 하기 위한 목적으로는 나의 고난에 관여하지 않는 것입니다. 이 모든 것을 아들인 예수가 나를 대신해서 다 담당하신 것입니다. 이제 고난은 단순한 물질적인 작용에 지나지 않는 것으로서 세균이나 적들이나 우연한 사고나 실수로 말미암아서 찾아오게 됩니다. 다시 말하자면 고난은 이제 중요한 의미가 없고, 어처구니없는 것일 뿐입니다. 이는 고난의 심오한 의미와 이유는 이제 예수 자신이고, 예수는 홀로 그것을 감당하기 때문입니다. 나는 그래서 우선 고난을 결코 저주가 아닌, 하나의 있는 그대로의 사실로 받아들일 것입니다.

그러나 인간으로서 나는 이 고난에 대하여 두고두고 생각해보지 않을 수 없습니다. 의문을 가지지 않을 수 없습니다. 그래서 고난에서 어떤 의미를 찾고, 긍정적인 가치를 부여하고, 나를 능가하라는 도전으로 고난을 받아들일 수도 있을 것입니다. 좋습니다. 당연합니다. 즉 내 안에 있는 연약함과 부족함을 긍정적인 것으로 변화시켜야 한다는 것이지요. 그것이 하나님의 뜻에 어긋나는 게 아닌 것은 확실하지요. 여기서 제외해야 할 것은 형벌과 후회와 정죄와 잘못에 대한 강박관념입니다. 우리는 그것들로부터 자유롭게 되었음을 알아야 합니다. 그렇지만, 그 밖에 모든 것은 고난과 불행을 자신의 삶에 통합하게 하는 것으로서 자신의 존재를 적극적이고 활발하게 하는 부분으로 살려나가야 합니다. 맞습니다. 자신의 한계와 고통을 떠나서 거기에 반하여 살려고 하지 않는 것은 정말 좋습니다. 자신의 인간으로서의 연약함에 대해 아무런 환상도 품지 않은 채 말이지요. 그러나 자유롭게 된 인간의 상황이란 인간으로서의 위대성과 비천함과 함께 고난을 수반하고 있습니다. 하지만, 하나님조차도 자신 안에 악을 수용하셨다는 것을 깨닫고 보면 그것이 더더욱 실감이 나게 될 것입니다.

예수가 겪은 다양한 고난들. 굶주림

예수가 받은 가장 비참한 고난들을 살펴보아야 할 것이라고 앞에서 말한 적이 있습니다. 복음서는 거기에 대해 자주 언급합니다. 한 예로 예수는 배고픔을 겪습니다. 이것은 40일 동안 사막에서 금식하시고 나서 명백하게 언급된 것입니다.마4:2 또 다른 경우는 그가 온갖 종류의 요청들(특히 병 고침)로 인해 무척 시달렸을 때, 배고픔을 겪은 사실이 암시되어 있습니다. "거기에는 오고 가는 사람이 하도 많아서 음식을 먹을 겨를조차 없었습니다."막6:31 이와 또 다른 경우로서 예루살렘으로 향한 마지막 여행 중에 베다니를 떠나갈 때, 마가는 예수께서 시장하셨다고 말하고 있습니다.막11:12 물론 각각의 경우에 나오는 성경 본문의 뜻이 우리에게 예수가 배고팠다는 사실을 전하는 데 있는 것은 아닙니다. 하지만, 눈에 띄지 않는 사소한 부분을 무시해서는 안 됩니다. 그가 십자가에 못 박혔을 때 "목마르다"요19:28 라고 하신 부르짖음의 경우도 마찬가지입니다. 요한은 모든 성경의 말씀이 이루어지게 하려고 이 말씀을 하셨다고 전합니다. 그것은 인정하고 넘어갑시다. 그런데 그때 십자가에 못 박힌 모든 사람과 똑같이 예수는 정말 목마름을 겪었을 것입니다. 그래서 그는 배고픔과 목마름이라는 인간 존재의 이러한 비참한 결함을 실제로 경험한 것입니다. 여기서 잠시 첫 번째 사실을 검증해 보도록 하지요.

그는 음식을 먹지 않고 사막에서 사십일을 보내고 나서 배고픔을 겪습니다. 단식 투쟁을 한 사람들의 경험을 토대로 보면 사십일은 인간이 견딜 수 있는 한계로 잘 알려졌습니다. 물론 (나도 그것을 몇 번 언급했습니다만) 이 사십이란 숫자는 상징적입니다. 예수가 실제로 무척 배가 고프려면 구체적인 현실이 뒷받침해야 할 것입니다. 이는 그다음 이야기를 이어 나가는 데 꼭 필요한 것입니다. 사실 그 배고픔을 겪은 직후에 곧 악마가 와서 돌을 빵으로 바꿔보라고 제안하면서 유혹하기에 이릅니다. 복음서가 증거 하는 예수에게 그 기적을 행하여 그의 수중에 금세 빵을 넣을 능력이 있다는 것은 분명합니다. 여기서 복음서 기자가 예수는 실제로 아주 허기가 졌다는 사실을 우리에게 전하는 것이 중요합니다. 그런 사실이 없었다면 그런 유혹도 있을 수 없었을 겁니다. 예수는 배고픔이라는 가장 저차원의 육체적인 욕구로 말미암아 주어지는 시험을 겪었습니다. 이 점은 예수가 어느 누구나와 마찬가지로 육체적인 욕구에서 비롯된 온갖 유혹을 경험했다는 사실을 상기시킵니다. 여기에 대해선 뒤에 다시 언급할 것입니다.

예수는 그 기적을 행하는 것을 거부합니다. 이는 기적을 행하는 것에 대한 첫 번째 거부가 됩니다. 왜 그랬을까요? 그 제안이 악마에게서 왔기 때문일까요? 하지만, 제가 말하는 악마는 인격적인 존재가 아닌 것을 앞에서 보았습니다. 유혹은 오히려 예수가 극도의 허기를 느끼고 그 허기를 해결할 수 있는 능력이 예수에게 있다는 점에 기인합니다. 실제, 예수는 기적을 행하라는 이 유혹 속에서 분리시키는 자로서 그를 하나님과 갈라놓으려 하는 악마(dia-bolos)의 행위를 알아차립니다. 왜일까요? 이는 그가 그 기적을 행했다면, 그것이 우선 자신의 유익을 위한 기적이 될 것이기 때문입니다. 예수는 자신을 바쳐 희생함으로 하나님을 향한 사랑을 증명하러 왔기에 자신을 위해서는 결코 기적을 행하지 않습니다.

결코, 그는 자기 자신을 위해 본인의 능력을 사용하지 않을 겁니다. 그 자신에 관한 것이라면 반대로 무력해지고 맙니다. 더구나 사막의 돌을 빵으로 바꾸라는 내용의 이 기적은 전형적으로 사람들이 신기해하는 능력에 속합니다. 뒤에서 자주 보게 되겠지만, 예수는 사람들이 신기해하는 기적을 일으키는 데서 기쁨을 구하지 않습니다. 예수가 한 기적들은 마법사나 마술사가 행하는 기적과 같은 것이 하나도 없습니다. 그가 행한 기적들은 모두 다 다른 사람들과 아버지를 향한 그의 사랑에서 비롯됩니다. 돌을 빵으로 바꾸고, 납을 금으로 바꾸며, 진흙으로 작은 새들을 만들어 입김을 불어넣어 생명을 주는 것이나 ('예수의 유년 시절을 그렸다는 복음서' 참조), 하늘에서 맛난 음식이 가득한 상이 내려오도록 하는 것('코란' 참조)과 같은 기적들은 예수가 언제나 행하기를 거절한 것들입니다. 그가 행한 기적들은 사랑의 기적들이지 결코 권세와 과시와 허세에서 나온 것들이 아닙니다.9

---

9 그가 빠질 수 있었던 함정은 자신만의 필요를 채우려고 하나님의 권능을 독점하고 그 권능을 자신에게 속하게 하는 것이었습니다. 하나님의 권능은 이미 아버지가 그에게 주어서 그의 안에 갖춰진 것입니다. 이는 창조론을 포함하고 있기에 사실 신학

단지 빵만이 아니라

그래서 예수는 배고픔 속에서도 기적을 일으켜서 허기를 채우는 것을 거절합니다. 그러나 그는 오병이어의 기적으로 다른 사람들의 허기를 해결해주는 것은 거절하지 않습니다. 그가 자신이 겪는 배고픔(전적으로 생리적인!)에 대해 내리는 답은 사람은 단지 빵만으로 살 것이 아니요, 하나님의 말씀으로 산다는 것입니다.

배고픔 앞에서 사람에게 빵이 필요한 것을 부인하지는 않지만, 그는 빵이 인간의 배고픔을 해결하기에 필요하지만, 전적으로 충분하지는 않다고 단언합니다. 인간의 배고픔을 완전히 해결하려면 하나님의 말씀이 주어져야 합니다. 그는 하나님의 말씀으로 양식을 삼아 그 말씀을 기다립니다. 사실 그 성경 본문은 세 번의 시험이 있고 나서 "천사들이 그를 시중들었다"라는 말로 끝을 맺습니다. 이것은 분명히 구약의 엘리야 이야기를 연상하게 합니다. 그렇지만, 엘리야는 사막에서 사십일 동안 걷기 이전에 천사들의 시중을 받았습니다. 만약 하나님이 인간을 그 존재 전체로서(종종 영혼이라고 해석하기도 함) 양육한다면, 말씀으로 양육을 받은 인간은 육체적인 배고픔도 확실히 충족될 것입니다. 이 첫 번째 예는 고난과 시험의 관계를 입증하는 동시에 예수의 실제 인성을 입증하고 있습니다. 예수의 참된 인성은 작은 고난들이나 큰 고난들 가운데 인간의 모든 면에 함께 하는 데서 나타납니다.

의 본질적인 문제이기도 합니다. 하나님은 자기 자신을 위해서 창조하였을까요, 아니면 허무주의와 자기중심주의의 유혹을 물리치고 사랑으로 창조하셨을까요?

피곤

같은 관점에서 우리는 자주 피곤함에 지친 예수를 봅니다. 여기서도 또한 피곤을 모르고 걷는 이상적인 초자연적 존재를 상상해서는 안 됩니다. 게네사렛 호수에 심한 폭풍우가 몰아칠 때 예수는 배 끝에서 자고 있었습니다. 그런 난리 중에 그렇게 잠들려면 그만큼 피곤해야 할 것입니다. 인자는 어디에 머리를 두어야 할지 모른다고 했을 때도 마찬가지입니다. 여기서 그는 문제 많은 자신의 상황을 암시했을 뿐만 아니라 피곤하게 계속되는 자신의 여정에 대해 말하는 것이 분명합니다. 요한은 예수가 갈릴리로 돌아가는 길에 사마리아를 지나가면서 예수가 피곤함을 느껴서 앉아 쉬었다고 분명하게 전하고 있습니다.

형벌과 십자가형

물론 예수의 이러한 육체적인 인성의 영역에선 그가 겪는 연약함과 고난들과 더불어, 사람들이 언제나 분명하게 언급하는 것을 소홀히 취급해서는 안 됩니다. 거기엔 체포당하는 것과 채찍질 당하는 것과 가시관을 쓰는 것과 십자가의 고통이 있습니다. 내가 언급한 이 모든 형벌에 대해선 아주 많이들 얘기합니다. 그것들만 따로 떼어 생각하지 말고 그것들과 함께 아주 진지하게 우리의 연약함과 우리의 고통을 함께 나누는 예수의 인간성에 대해 묵상해야 할 것입니다.

정신적 고통

이제 우리는 새로운 고난의 영역을 다루려고 합니다. 십자가의 고통만을 바라본 사람들에게 이 부분은 무모하게 보일 수 있습니다. 게다가 약간 신성모독으로 느낄 수도 있습니다. 왜냐하면, 심리적이거나 정신적인 고통의 문제를 다루기 때문입니다. 고통을 다루는 한 전문의가 거기에 관해 말합니다. "고통은 육체적인 통증뿐만 아니라 심리적 사회적 영적인 요소를 포함하는 총체적 고통입니다. 조금 인위적인 이 구분은 전적으로 체험에서 나온 것으로 충격을 주지만, 나로 하여금 환자들을 이해하는데 도움을 주었습니다."**10**

단절

우리는 우선 그의 '주변'과의 단절을 봅니다. 가족 관계의 단절입니다. 그의 부모는 그를 미쳤다고 생각합니다. "예수의 부모는 일어난 일을 알고 나서는 그를 잡으러 왔습니다. 그들이 말하기를 그가 제정신이 아니다 했으니까요."마3:21 "그의 형제들도 더는 그를 믿지 않았습니다." 요7:5 그래서 그들은 떠나라고 요구합니다. 그는 거절감에 힘들어하며 쓰라린 마음으로 이 말을 합니다. "선지자는 그의 고향과 집에서만 배척받을 뿐이다." 나는 사람들이 이 말을 가볍게 하는 것을 자주 들었습니다. 예수의 어머니는 그가 태어나던 때와 자라나던 어린 시절의 기적들을 익히 알고 있습니다. 그러니 그에게 자신을 멸시하는 집식구들이 얼마나 큰 고통의 무게로 다가왔을까요. 누가복음을 보면 말이 조금 누그러집니다. "어떤 선지자도 자기 고향에선 환영받지 못한다." 마태는 반대로 덧붙입니다. "그들의 불신 때문에 그는 이곳에선 많은 기적을 행치 못했다." 그리고 곧 마음이 완약한 이들과의 만남이 이어지게 됩니다.

---

10 시슬리 손더스 Dr Cicely SAUNDERS, "호스피스, 과학과 종교가 만나는 곳 Hospice, lieu de rencontre pour la science et la religion", in 『과학자와 믿음 *Le Savant et la Foi*』, Flammarion, 1988.

여기서 우리는 아주 예민한 부분을 다루게 될 것입니다. 그러니까 예수는 그의 가족에게 버림받은 것을 알고, 사람들이 그의 말도 그의 사명도, 즉 그의 존재를 믿지 않는 것도 확인합니다. 그에게 복수심이나 원한이 있을 수 있다는 생각은 배제하고라도 그 사실을 확인했기에 다음과 같은 말을 하지 않았을까 싶습니다. "누가 나의 어머니고 누가 나의 형제들이냐…? 바깥에 서 있던 그의 어머니와 형제들은 와서 그를 부르러 사람을 보냈습니다." "사람들이 그에게 말하기를 밖에 계신 선생님의 어머니와 형제들이 선생님을 찾으십니다." 그때 주위에 앉아있던 사람들에게 눈길을 주며 말합니다. "그가 말하기를 내 어머니와 내 형제들은 여기에 있다. 하나님의 뜻을 행하는 자는 누구든지 내 형제요 자매요 내 어머니이시다."막3:31-35 이 본문은 예수가 가족과 같이 친밀한 관계를 맺는 믿음의 중요성에 대해 말한 것으로 늘 풀이되고 있습니다. 그렇지만, 가족이 그를 배척한 이상 가족과의 단절로도 이것을 볼 수 있지 않을까요? 사랑의 성육신인 그에게 이 단절이 엄청난 고통을 불러일으키지 않았다고 어떻게 믿지 않을 수 있겠습니까? 그의 가족은 그를 인정하지 않았습니다. 관계의 단절입니다. 그는 거기에 이의를 달지 않았습니다. 왜냐하면, 중요한 것은 하늘에 계신 아버지의 뜻을 행하는 것이기 때문입니다.11 그가 보통 사람이 살 수 있는 삶을 살되 철저하고 완벽하고 온전하게 늘 자각하면서 살아왔다는 것을 돌아보면,

---

11 아마도 그의 가족과의 이 단절은 이미 예수가 열두 살이던 때의 일화 속에 있지 않을까요. 눅2: 41-50 유월절을 기념하기 위해 그의 부모와 예루살렘에 가 있을 때, 그가 부모를 잠시 떠나있음으로 인해 부모를 걱정과 근심에 빠트렸을 때 말입니다. 그는 율법학자들과 함께 회당에 있었습니다. 그의 어머니가 걱정하여 나무라자 그는 "내 아버지의 일에 내가 전념해야 하는 사실을 모르셨단 말씀입니까?"라고 답합니다. 그러니까 단절은 이미 다 진행되고 있었던 것입니다.

가장 소중한 인간관계와 아버지의 뜻 가운데 하나를 선택해야 했을 때 얼마나 그의 고통이 컸을지 짐작할 수 있습니다. "누가 내 형제들이고 내 어머니이냐"고 말했을 때 그는 얼마나 헤아릴 수 없는 고통 속에 잠겨 있었을까요?

이제 예수는 알게 됩니다. 그의 가족과 이 땅에서 피어나는 애정의 따스한 품 안에 한가로이 머물면서 아버지의 뜻을 온전히 행하는 것이 불가능하다는 것, 이것도 취하고 저것도 취하는 것이 불가능하다는 것을 압니다. 그는 좀 더 멀리 보아서 그의 제자들을 위해 이러한 결단의 법칙 같은 것을 만듭니다. "자기 아버지와 자기 어머니를 나보다 더 사랑하는 자는 내게 합당하지 않다."마10:37 "집안의 사람들이 원수가 될 것이다." 누가복음에선 더욱 강하게 말합니다. "내게 오는 자는 아버지와 어머니, 자녀를 미워하지 않으면 내 제자가 될 수 없다."눅14:26 이처럼 멀리 가기까지 그 자신은 얼마나 많은 고통을 감내해야 했을까요? 혼란스러워할 필요 없습니다. 이 말은 가학적인 명령 같은 것도 시험하는 것도 아닙니다. 요한복음에 나오는 "세상은 나를 미워하고, 너희는 세상으로부터 미움을 받을 것이다"라는 말씀의 정확한 부연이요 응답이며 반영입니다. 출발점이 거기에 있습니다. 그것 또한 예수에게는 고통입니다. 그가 물론 미움에 대해서 미움으로 갚기를 구하지 않습니다. 그러나 분명한 건 아버지의 뜻과 세상이 원하는 것 사이에서 절대적으로 선택해야 한다는 것입니다. 그는 사람들이 그를 미워하고 그래서 아버지를 미워하는 것을 확인합니다. 그리고 그는 제자들에게 미리 치러야 할 대가가 있음을 경고합니다. "너희들이 하나님(그리고 나를)을 택한다면 그로 인해서 너희는 모두에게서 미움을 받을 것이며, 너희들이 좋아하는 것, 너희들이 세상에서 사랑하는 사람들과 관계를 끊어야만 할

고난받는 종 **49**

것이다!"

예수의 고난의 여정을 따라가다 보면 기독교의 편안한 종교 조직이나 안락한 부르주아 계층과 멀어지게 되는 걸 보게 됩니다. 부친의 장례를 치르러 가야 하기 때문에 예수를 따르기 전에 말미를 요청하는 남자에게 주는 예수의 대답에서 이 돌이킬 수 없는 선택이 구체적으로 적용되는 것을 보게 됩니다. "죽은 자들을 장사 지내는 것은 죽은 자들에게 맡겨라." 그는 가장 성스러운 가족의 의무를 지키는 것까지 문제 삼고 있습니다. 이것이 비인간적인 걸까요? 전혀 그렇지 않습니다. 왜냐하면, 하나님 아버지를 택하고 예수를 따르기 위한 이 관계의 단절 속에서는 새로운 차원의 사랑이 관계를 끊은 사람들을 위해 싹트기 때문입니다. 이제 우리는 그들을 다르게 사랑하는 것입니다. 결별의 고통을 감내하면서 더 온전하게 사랑하게 됩니다. 이는 파멸하도록 결별하는 게 아니라, 구원과 온전한 사랑을 위해서 단절하는 것입니다. 하지만, 이 길로 들어가는 데는 얼마나 고통을 겪어야 하는지요! 예수가 겪는 절대적인 고통이 여기 있습니다. 그를 따르는 사람들과 마찬가지로 그는 이제 어떤 사회에서도 확실하고 안정된 자리를 찾을 수 없는 나그네요 부적응자가 됩니다. 그는 정든 관계들과 이 땅 위의 사랑하는 사람들과 예식들과 위계질서들과 도덕적 의무들을 다 버린 것입니다.

이것이 그에게 쉬운 것이었다고 생각하십니까? 한 사람에게 어려운 것은 온전한 사랑을 구현한 이에게는 헤아릴 수 없을 정도로 훨씬 더 힘든 것이었습니다. 그를 초인이라고 생각해서 피상적으로 보는 것과는 반대이지요. 그 단절과 결별을 마무리하기 위해 그는 선언합니다. "지상에 내가 평화를 주러 왔다고 믿지 마라. 평화를 주러 온 것이 아니요, 칼을 주러 왔다."마10:34 "나는 분열을 일으키러 왔다. 이제부터 한집안에서 다섯 식구가 서로 갈라져서, 셋이 둘에게 맞서고, 둘이 셋에게 맞설 것이다. 아버지가 아들에게, 아들이 아버지에게 맞서고, 어머니가 딸에게, 딸이 어머니에게 맞서고…."눅12:51-53 여기서 착각해서는 안 됩니다. 그는 평화를 주러 왔습니다. "나는 너희에게 평화를 주노라. 너희에게 나의 평화를 주노라." 그는 이 평화를 위해 오셨고, 예수 안에서 모든 화해가 임합니다. 그러나 아버지의 계획과는 반대로, 또한 그 자신의 뜻과는 반대로 세상은 이 평화를 거부하고, 그의 말을 듣는 사람들을 정죄합니다. 예수는 세상을 분열시키고 관계의 단절을 불러일으키려고 오지 않았습니다. 그러나 그의 임재와 그의 말씀으로 말미암아서 곧 분열이 일어납니다. 예수의 실제 임재는 불가피하게 관계의 단절들을 불러일으키고 그는 그 단절로 말미암아서 제일 먼저 고통을 받게 됩니다. 그가 원하고 선포했던 것과는 정반대의 일이 주변에서 일어나는 것을 보면서 예수에게 어떤 비극이 그려졌을까 싶습니다. 여기서 이미 우리는 그 전조들을 봅니다. 그리고 자신이 실패한 것이라고 할 수밖에 없는 현실을 확인하는 예수를 봅니다. 그가 화평을 원했던 바로 그곳에 분열과 단절과 증오가 일어납니다. 인간의 모든 고통을 겪은 그는 이미 그때 우리의 모든 선한 의도와 우리의 모든 선한 계획과 우리의 모든 선한 마음의 실패를 홀로 담당하게 됩니다.

그는 우리의 고통을 짊어지셨습니다

하지만, 아주 곤란하고 난처하게 하는 성경 본문이 있습니다. 예수가 베드로의 집에 가서 그의 장모와 다른 환자들을 치유하는 부분입니다. 마태가 거기에 덧붙이기를 "이것은 예언자 이사야를 시켜서 하신 말씀을 이루려고 하신 것이었다. 그는 몸소 우리의 병약함을 떠맡으시고, 우리의 질병을 짊어지셨다."마8:17 엄밀하게 그리스어 원문을 번역하면 "우리의 연약함을 제하고, 우리의 질병을 가져갔다"라 할 수 있습니다. 그러면 예수는 한 인간으로서 더는 문제가 되지 않습니다. 그가 마술사처럼 병을 고친 것이 됩니다. 이것이 과연 그 말의 실제 의미일까요? 이사야서는 메시아가 우리의 고통을 짊어지고 우리의 질병을 담당한다고 분명히 말하는 듯합니다.사53:4 **12** 이 때문에 우리의 관점과 이해가 바뀌게 됩니다. 예수는 더는 선한 일을 하며 지내는 치료자가 아닙니다. 그는 자신이 고치는 악을 스스로 짊어지는 것입니다. 그렇게 해서 그는 우리의 고난과 우리의 불행에 온전히 참여합니다. 그는 외적으로 우리의 불행과 고난을 덜어주는 것보다 훨씬 더한 일을 합니다. 그는 우리에게 닥친 악을 자신에게로 가져가는 것입니다. 이 말이 많은 논란을 불러오리라는 것을 압니다. 왜냐하면, 이상하게도 우리는 이 말을 영적인 관점에서는 그대로 수용합니다. 예수가 우리 죄를 담당한다는 것은 받아들입니다. 하지만, 그가 눈먼 사람을 고치면서 그 자신의 눈이 멀어졌다고 하면 우리는 어깨를 으쓱하면서 터무니없다고 생각합니다. 이는 우리에게 육체적 행위가 영적인 행위보다 훨씬 더 중요하다는 것을 의미합니다. 예수가 우리 죄를 담당한다는 '생각'은 애매하고 불확실한 '생각'에 그치지만, 확실한 육체적 질병을 말하면 우리는 믿기 어렵게 됩니다.

　물론 충실하게 들어보면 이 성경 본문이 예수가 맹인을 고치면서 육체적으로 맹인이 된다든지, 문둥병자나 중풍병자를 고치면서 육체적으로 그 병에 걸리게 된다고 말한다고는 생각하지 않습니다. 맹인으로서 맹인이 겪는 모든 고통이나 문둥병자로서 문둥병자가 겪는 온갖 고

12　이 번역은 슈라끼Chouraqui가 번역한 구절들에 의해 확증되고 공고해졌습니다.

통을 예수는 자신 안에 모두 수용합니다. 그 외적인 증세들을 띠지 않은 채 말입니다. 한 사람의 병이 다른 사람에게 본질적으로 전이되는 것입니다. 그렇게 함으로써 그는 진정 우리의 고통에 참여하는 것이고 우리의 모든 병을 담당하는 것입니다. 그래서 기적이 모두에게 다 일어날 필요가 없습니다. 그가 한 사람의 문둥병자를 치유할 때, 그 문둥병자의 고통을 겪음으로써, 그는 모든 문둥병자를 위해 고통을 받습니다. 육체적인 치유는 그가 만나게 된 사람을 향한 그의 사랑과 자비의 표현입니다. 사실 그것은 완전히 다른 이야기입니다. 중요한 것은 예수가 겪은 고통 안에 우리의 온갖 병들로 말미암은 모든 고통이 포함되어 있음을 기억하는 것입니다.

인간적인 한계들

예수는 과연 자신의 신성을 알고 자각하고 있었는가의 문제는 풀릴 수 없는 신학적인 문제로서 이성적인 논증이나 실증적인 방법으로 답을 얻을 수 없습니다. 그런데 성경 본문들이 우리에게 그가 자신의 연약함을 자각하고 있었다는 증언들을 전해 줍니다. 그 사실로 미루어 볼 때 그가 이 세상에 온 것은 하나님의 연약함과 자신의 한계들을 보여주기 위한 것이 아니었을까요? 그가 체포될 때 자신이 원한다면 열두 군단의 천사들이 올 거라고 한 것을 보면 그 한계들이라는 것이 실질적인 것들인지 아니면 자신의 의지로 자제한 것인지 의문이 듭니다. 이것 또한 답을 내릴 수 없는 문제입니다. 어찌 됐든 간에 이러한 자각은 고통이었고, 그와 동시에 자신의 연약함을 넘어서고자 하는 유혹이 되었습니다.

몇 가지 예를 들어봅니다. "선한 선생님, 하고 한 사람이 말하자….

왜 나를 선하다고 부르느냐? 선하신 분은 하나님 한 분밖에 안 계시느니라."막10:18 예수는 그때 단호하게 그 유혹을 물리칩니다. 그것은 아버지와 동일시하게 하려는 유혹이었습니다. 그러나 "나와 아버지는 하나이다."라는 말도 합니다. 그 말이 맞습니다. 그러나 예수는 아버지에게만 속하는 것을 자신의 것으로 돌리기를 원하지 않습니다. 선한 분은 예수가 아닙니다. 사람들은 선한 분은 하나님만이라는 것을 알아야 합니다. 예수는 자신에게 주어지는 것을 다 아버지께 돌립니다. 그는 자신이 선하다고 인정받기를 원하지 않습니다. 그는 인간들의 사랑이 자신에게로 돌려지기를 원하지 않기에 자신이 선하다는 것을 부정합니다. 아버지만이 전 우주의 선함을 그 안에 지니고 계시며, 아버지만이 유일하게 선한 것이 무엇인지 말할 수 있고(아담이 가지고 싶었던 능력), 창조주로서 나날이 그 지은 것을 축복할 수 있습니다. "그가 그 지은 것을 보니 그 모든 것이 심히 좋았더라."

연약함

이러한 근본적인 결단을 내리면서도 한편으로 예수는 연약하고 불안하게 보이는 모습들을 보여주기도 합니다. 우리는 이미 자신을 믿지 않는 사람들의 불신으로 말미암아서 기적을 행하지 않는 그의 무력한 모습을 보았습니다. 바리새인들이 그를 찾아와서 '표적'을 구했을 때 예수는 시도조차 하지 않습니다. 그가 사람들을 놀라게 하거나 설득하기 위한 목적으로는 기적을 행하기를 거부하는 문제는 뒤에 다시 다루게 될 것입니다. "어찌하여 이 세대가 표적을 요구하는가?… 이 세대는 아무 표적도 받지 못할 것이다."막8:12 이 세대는 단지 그 당시의 세대만이 아니라, 늘 증거와 표적들을 요구하는 모든 세대입니다.

마지막으로 이런 연약함 속에서 그가 가진 불안한 마음들을 살펴보아야 합니다. 불안한 마음을 가지는 것은 당연합니다. 다시 한 번 말하지만, 그는 초인도 아니고, 모든 것을 다 아는 존재가 아닙니다. "너희가 미혹을 받지 않도록 조심해라. 많은 사람이 내 이름으로 와서 이르되 나는 그리스도라 할 것이다. 너희는 그들을 따르지 마라." 그가 다시 온 후에는 어떤 일이 일어날까요? 예수는 그것을 잘 모르는 듯합니다. 그는 괴로운 질문을 던집니다. "인자가 올 때에 세상에서 믿음을 찾아볼 수 있겠느냐?"눅18:8 예수는 그가 붙인 불이 얼마나 지속될지나, 그 제자들의 충성도나, 사역의 지속성에 대해서 잘 알지 못하고 어떤 확신도 없는 듯합니다.

여기서 우리는 그가 말하는 것이 정말 그의 마음 깊은 곳에서 나온 것인지 아니면 제자들을 교육하기 위한 목적에서 나온 것인지 자문해 보아야만 합니다. 예수는 우리의 책임감을 불러일으키고 우리를 깨어 있게 하려고 그렇게 말할 수도 있었을 것입니다. 믿음이 지속하여 나날이 더욱 활력을 얻게 됨으로써 인자가 다시 돌아왔을 때 그 생생한 믿음을 보고 자신의 커다란 희생이 헛되지 않았음을 확인할 수 있게 되는 것은 세대에 세대를 이어서 바로 우리에게 달렸습니다. 이는 이 두 개의 성경 본문들로부터 우리가 얻어야 할 그 의미이자 "깨어 있으라"는 명령과도 일치하는 것임이 틀림없습니다.

그러나 예수는 교사가 아니었습니다. 그는 다른 사람들을 선도하기 위해서 질문들을 던지는 소크라테스가 아닙니다. 그는 그가 말하는 모든 것을 충실히 삶으로 지켜나갑니다. 해서 그는 지키지 않을 말은 달리 하지 않습니다. 그러므로 우리는 그 성경 본문들과 병행 구절들을 예수가 자신에게 던진 의문을 표현한 것으로 받아들여야 합니다. 그가 제자

고난받는 종 55

들과 함께 머물 수 있는 한 그는 상황을 고칠 수 있었고, 목자로서 돌볼 수 있었습니다. 그렇지만, 그 후에는? 그는 어떤 것도 보장하지 못합니다. 그는 자신을 믿고 따르는 신자들이 언제까지 남아 있게 될지 모릅니다. 자신이 처음 세운 제자들을 뒤를 이어나갈 사람들이 누구인지, 그들이 어떻게 계시된 말씀인 복음을 전하게 될지, 어떻게 그들이 자칭 최후의 메시아13라 하는 사람들을 이겨낼지, 그리고 그들이 얼마 동안이나 견디어낼지 그는 모르는 것입니다. 왜냐하면, 예수는 인간의 역사가 얼마나 계속될지 알지 못하기 때문입니다. 우리가 가진 유일한 답은 한편으로 우리의 이 모든 논란에 끝을 맺는 것이고, 다른 한편으로 아버지의 영역을 침범하지 않고자 예수가 스스로 인정하는 자신의 한계를 보여주는 것으로서, 잘 알려진 말입니다. "그날과 그때는 아무도 모른다. 아들도 모르고 오직 아버지만 아신다."

감수성

예수는 또한 대단한 감수성을 지녔습니다. 그는 뭇사람들처럼 슬픔에 젖을 수도 있었습니다. 그것은 연약함이 아니며, 더더구나 감상벽은 아닙니다. 그는 모든 인간 조건을 겪으며 지냈고, 선남선녀처럼 그는 자신의 불행에 대해서나 다른 이들의 불행에 대해서 괴로워했습니다. 그가 긍휼히 여겼다는 말이 얼마나 많이 나오는지요. 한 번 더 말하자면 그는 권능과 신성이라는 높은 보좌 위에서 긍휼을 베푸는 전지전능한 하나님이 아니라는 것입니다. 기형인간에 대해 동정심을 가진 위고14

---

13 여기에 해당하는 마호멧의 주장에 종지부를 찍으려면 여기서 언급된 성경 본문을 다시 참조하십시오.
14 [역주] Victor Hugo(1802~1885). 프랑스 시인, 소설가, 정치가로 여기서는 그의 소설

같지도 않았습니다. 예수가 긍휼히 여겼다는 것은 많은 사람이 흔히 그러듯이 그랬다는 것을 말합니다. 그렇지만, 거기엔 두 가지 다른 점들이 있는바 예수의 긍휼히 여기는 마음은 전반적이고 또한 지속적입니다. 먼저 전반적인 면을 살펴봅니다. 우리에게는 우리가 느끼고 함께 공유하는 여러 다양한 감정 중에 긍휼한 마음도 있지요. 그에게 있어서는 그의 전 존재가 긍휼한 마음으로 가득 차게 됩니다. 그 이유는 그는 인간과 함께하는 하나님이기 때문입니다. 이어서 지속적인 면을 살펴봅니다. 기아로 죽어가는 에티오피아나 수단의 아이들을 텔레비전으로 보면서 우리가 느끼는 감정은 일시적인 것이라 할 수는 없겠지만, 또 다른 영상이 나오면 잊어버리게 됩니다. 예수는 잊어버리지 않습니다. 그 이유는 하나님은 끊임없이 기억을 하시기 때문입니다.

예수와 군중

"예수께서 무리를 보시고, 그들을 불쌍히 여기셨다. 그들은 마치 목자 없는 양과 같이, 고생에 지쳐서 기운이 빠져 있었기 때문이다."(마 9:36) 이 말씀은 사람들이 그에게로 데려오는 모든 환자를 치유해준 이야기 바로 다음에 옵니다. 여기서는 더는 개별적인 경우나 특별한 질병이 문제가 아닙니다. 이는 그와는 다른, 우리가 잘 알고 있는 것입니다. 그것은 무리 속의 인간으로 군중에 둘러싸인 인간이자 무리의 인간이며 무리 일부분에 지나지 않게 된 인간입니다. 이는 인구 급증과 그로 말미암아 지옥같이 된 도시들 속에 있는 우리의 경우입니다. 예수는 이

『파리의 노트르담』에 등장하는 콰지모도와 『웃는남자』의 주인공 그윈플레인을 언급한다고 할수 있다.

미 이것이 의미하는 바를 알았습니다. 그래서 그는 이 인구가 집중된 대도시가 아무 의미도, 아무런 가치도, 아무런 방향도 없는 것을 알기에 긍휼히 여겼던 것입니다. 군중은 그 안에 어떤 이성도 어떤 진실도, 어떤 담론도 담고 있지 않기 때문에 그들은 기운을 잃고 낙심하게 됩니다. 그들에겐 목자가 없습니다. 곧 십자교차로상에 있는 것과 같습니다. 왜냐하면, 이 군중은 못된 목자나 파시스트 수장이나 나치 총통이나 인민의 아버지나 가리지 않고 그게 누구든지 먼저 오는 목자에게 예속되어 버릴 것이기 때문입니다. 예수가 긍휼히 여기는 것은 무리가 처해있는 현재의 비참한 상황만이 아니라, 앞으로 못된 목자가 지도자가 될 때, 무리에게 임하게 될 공포의 상황으로 말미암은 것입니다. 바로 군중에게 닥칠 미래의 상황이 예수를 긍휼히 여기는 마음으로 가득하게 합니다.

우리를 늘 놀라게 하는 예수의 행위에 또 하나의 역설적인 것이 덧붙여집니다. 예수는 그 무리의 목자로 나서지 않습니다. 그는 기운을 잃고 슬픔에 젖어 방황하며 함께 모여 있는 무리에게 "나를 따르라. 나는 선한 목자다"라고 하지 않습니다. 그 이유는 그가 그 무리를 지도하여 책임을 지고 인도하게 되면 슬프게도 바로 그 점 때문에 그가 못된 목자가 될 것을 알기 때문입니다. 그가 실제로 군중의 지도자가 되면 그는 각 사람에게서 고유의 개성을 조금씩 더 박탈하게 될 것이고, 군중을 아무 가치도 의미도 없는, 존재하지 않는 '군중이란 존재'로 공고히 할 것입니다. 물론 그는 '나는 선한 목자다'라고 말하게 됩니다. 그렇다면, 그는 정확히 누구에게 그렇게 말하는 겁니까? 힘없고 지친 군중을 상대로 자신이 인정받으려고 그렇게 말합니까? 전혀 그렇지 않습니다. 그와 반대로 그가 말한 상대는 선한 목자가 돼야 했을 사람들과, 군중을 이용하는 대신에 군중이 군중으로 형성되는 것을 막고 진실을 말하여서 개개인이 거기서 의미와 진리와 생명을 찾게 하여 군중의 모임에서 가짜 위로를 헛되이 구하지 않게 해야 했을 사람들입니다.

이는 우리 모두에게는 무서운 말입니다. 우리는 이 대중사회에서 살고 있고, 대중이 스스로 이렇게 된 것에 만족해하는 비극적인 현상을 보고 있습니다. 오늘날은 수가 많다는 것이 존재의 유일한 방식입니다. 예수는 이 미친 사회를 향한 긍휼한 마음에 사로잡혔습니다. 그래서 그는 무엇을 합니까? 우리가 본 본문들에서는 예수는 직접적으로 아무것도 하지 않습니다. 그는 단지 그의 제자들을 선교사로 파송합니다. 군중을 관리하기 위한 것이 아니라, 오히려 군중을 해체하려는 것이라고 말할 수 있습니다. 그의 제자들에게 그는 두 가지를 말합니다. "병자들의 병을 고쳐주고, 하나님의 나라가 가까이 왔다고 선포하여라." 그가 그들에게 당부한 것은 하나는 불행을 개별화하는 것이고, 또 다른 하나는 거기에 의미와 뜻과 방향을 부여하는 것입니다. 그러면 군중은 더는 생겨나지 않을 것입니다. 사도들의 사역이 개별화되는 만큼 덜하게 될 것입니다. 군중은 군중이기를 멈출 것이며, 그 군중의 개개인은 존재 이유가 없이 절망하거나 자살하는 일이 없을 것입니다. 하나의 존재 이유가 있습니다. 그러나 어떤 지도자도 진정 존재하게 하는 그 존재 이유를 제시하지 못할 것입니다. 거기서 예수는 파멸의 죽음을 향해 치닫는 군사 공격을 바라보는 사람처럼 망연해지고 맙니다.

예루살렘을 향한 연민

긍휼한 마음을 가진 예수는 군중에 대해서 뿐만 아니라 개개인들을 향해서도 같은 마음이었습니다.(예를 들어 눅7:13) 그것은 각각의 고통을 보고 느끼는 그의 감정과 바로 이어집니다. 이제 여기서 또 다른 모습에 주목하고자 합니다. 그것은 예루살렘을 향한 그의 연민입니다. "예루살렘아, 예루살렘아, 네게 보낸 예언자들을 죽이고, 돌로 치는구나! 암탉이 병아리를 날개 아래 품듯이, 내가 몇 번이나 네 자녀를 모아 품으려 하였더냐! 그러나 너희는 원하지 않았다. 보아라, 너희 집은 버림을 받아서, 황폐하게 될 것이다. 내가 너희에게 말한다. 너희가 '주님의 이름으로 오시는 분은 복되시다!' 하고 말할 그때까지, 너희는 나를 다시는 보지 못할 것이다." 마23:37-39 이 말씀은 분노에 찬 말도 최후의 정죄 선언도 아닙니다. 예루살렘은 세상 모든 민족을 모아서 거주하게 하려고 이스라엘의 하나님, 그의 하나님이 선택한 장소라는 것을 예수는 알고 있습니다. 그러나 예루살렘은 특권을 남용했습니다. 예루살렘은 하나님의 요청들을 거절했고, 예수를 거부했습니다. 유월절의 종려나무가지 행사는 아무 소용이 없습니다. 이스라엘 민족은 예루살렘에서 이제 서기관과 바리새인과 에세네파와 사두개인과 열성당파와 헤롯당파 등으로 분열되어 있습니다.

　예수는 통합시키기 원했을 겁니다. 그것은 가능하지 않았습니다. 반대로 그는 모든 사람으로부터 거절당하였습니다. 예수가 바라던 통합은 승리와 영광의 통합이 아니라, '암탉이 병아리들을 모으는 것'과 같이 보호하기 위한 통합이었습니다. 이제 예루살렘은 최후의 구원의 손길을 거부한 결과로 텅 비어져 황폐해질 것입니다. 여기에 무슨 말이 필요할까요? 우선 거듭 말하지만, 예수가 선언한 것은 정죄가 아닙니다. 그는 앞으로 일어날 일을 공표하고, 무슨 일이 일어나는지 말하고 있습니다. 그 외의 다른 것은 없습니다. 그는 예루살렘의 주민들이 추방될 것이라고 말하지 않습니다. "너희 집은 버림을 받아서, 황폐하게 될 것이다"라고 말합니다. 즉, 하나님이 예루살렘을 당신이 거할 처소로 삼기를 그친다는 것입니다. 왜냐하면, 예루살렘이 하나님이 마지막으로 보낸 하나님의 아들조차 거부했기 때문입니다. 그때부터 여전히 예루살렘엔 사람들이 거주하긴 하지만 이젠 원래 의미를 잃은, 영광도 진리도 없는 한 도시에 지나지 않습니다. 그래서 예수는 자신을 위해서보다는 예루살렘을 위해서 훨씬 더 많이 웁니다. 왜냐하면, 모든 경건한 유대인처럼 그는 예루살렘을 자기 자신보다 더 사랑했기 때문입니다.

이러한 해석은 누가복음에서 확인됩니다. 누가는 예수가 세 번이나 예루살렘을 위해 울었다고 기록합니다.눅13:34; 19:41-44; 23:28 "예수께서 예루살렘에 가까이 오셔서, 그 도성을 보시고 우셨다." 그는 다가올 조국의 암담한 미래 때문에 괴로워서 울뿐만 아니라 예루살렘이 더는 자신의 존재조차 모르기 때문에 웁니다. "오늘 네게 주어진 날에 (예수가 오신 날, 하나님이 자신의 도성으로 구체적으로 오신 날), 너도 평화에 이르게 한 일을 알았더라면…" 예루살렘이라는 이름이 뜻하는 평화는 곧 예루살렘의 평화로서 예루살렘 위에 예루살렘 안에 거합니다. '너의 평화에 이르는 일'(또 다른 번역에서는 네 평화의 길)은 예수가 보여주는 가장 확실한 길이며 동시에 가장 확실하게 예루살렘의 평화를 발현하는 길입니다. 그러나 하나님의 절대적인 도성이요 유일하게 축복받은 도성이요 유일하게 사랑받은 도성은 기대한 바를 이루지 못했습니다. 예수는 그 도성을 위해서 울고, 하나님의 계획이 또 한 번 새롭게 실패한 것에 대해서도 웁니다. 예루살렘이 마침내 멸망되리란 예언은 (실증주의 역사가들은 이 본문이 티투스 황제가 예루살렘을 함락하고 나서 기록되었다고 주장합니다) 진행되어 가는 일의 당연한 결과에 지나지 않습니다. 예루살렘이 하나님의 아들 안에 있는 하나님을 배척한 것이 사실이라면, 예루살렘은 더는 해야 할 역사적인 역할이 없고, 그 적들은 당연하게 쳐들어옵니다. 예수는 예루살렘을 위해서가 아니라 사람들이 그를 십자가에 못 박으려 끌고 갈 때 예루살렘의 여자들을 위해서 이 주제를 다시 언급합니다. "예루살렘의 딸들아, 나를 두고 울지 말고, 너희와 너희 자녀를 두고 울어라." 이처럼 예루살렘과 그 주민들에 대한 예수의 뜨거운 사랑은 그를 기다리는 십자가형에 대한 두려움보다 그를 더 고통스럽게 했습니다. 인자가 가진 끝없는 고통이 인간으로서 그가 겪는 온갖 고통에 덧붙여집니다.

화 있을진저, 너희 서기관들이여!

하나님으로부터 파송된 그를 알아보지 못하는 예루살렘의 무관심을 보고 슬퍼하는 그는 동시에 그를 적대시하는 사람들 때문에도 비참해집니다. 바리새파 사람들과 서기관들을 향해 그가 선언한 화는 한 번 더 말하지만, 저주나 투쟁의 표현이나 증오의 의미가 아닙니다! 기억을 환기시켜 봅시다. "하나님이 세상을 이처럼 사랑하사…." 예수는 증오심에서 행동하거나 말할 수 없습니다. 그는 저주할 수 없습니다. 여기서 그는 그들에게 심각한 화가 임할 것을 알려주고 있습니다. "화가 임하여 너희에게 엄습할 것이니 조심하라!" 이는 모든 선지자의 활동이기도 합니다. 다음과 같은 성경 구절들을 살펴보면 그것을 확인할 수 있습니다. 안식일에 선을 행하는 것과 병을 고치는 일이 옳으냐고 묻자 아무도 그에게 대답하지 않습니다. "예수께서 노하셔서, 그들을 둘러보시고, 그래서 그들의 마음이 굳어진 것을 탄식하시면서…." 그는 사람들이 율법을 문자 그대로 꼼꼼하게 적용시키느라 '안식일에 선한 일을 할 수 있는가?'라는 간단한 질문에도 답을 내리지 못하는 것을 보고 분개했습니다. 달리 말해서 율법주의는 연민이라는 인간으로서의 단순한 감정도 말살시킵니다. 그는 분개했지만, 그와 동시에 불행하고 마음 아프고 슬펐습니다. 인간이 병자를 보고 어떻게 연민을 느끼지 않을 수가 있습니까? 그는 그들의 마음이 완악한 것에 가슴이 아팠지만, 그들을 정죄하지 않고, 하나님의 백성이자 그의 백성인 그들 때문에 슬퍼합니다. 어떻게 사람들은 하나님의 뜻을 남들을 배제하고 도움 베푸는 것을 거절하는 의미로 볼 수 있습니까? "그리고 그는 그들의 마음의 완고함을 보고 놀라셨다."막6:6

모든 이런 감정들과, 날카로운 고통 속에서, 예수는 극심한 고뇌를 느낍니다. 이는 우리가 좀 더 후에 보게 될, 그에게 닥쳐올 죽음에 대한 고뇌가 아니라, 하나님이 그를 보내면서 맡긴 사명으로 말미암은 고뇌입니다. 우리는 그 의미를 찾아내기 어려운 다음과 같은 본문들을 보게 됩니다. "이는 내가 받아야 할 세례이며, 그 일이 이루어지기까지 나는 얼마나 고뇌하면서 기다리는가." (또는 "나는 물속의 세례를 거쳐야 한다." 이것이 의미하는 바는 죽음의 심연으로 들어가는 것이다…. "그리고 이것을 이루려는 근심이 얼마나 나를 짓누르고 있는가…." 뻬르노 역H. Pernot) 그는 사명이 성취되길 원했습니다. 그러나 그는 그 사명으로 인해 어떤 무서운 시련을 받아야 하는지 알고 있습니다. 이는 그가 가족들 사이에, 친구들 사이에 불러일으키게 될 관계 단절과 그가 붙여야 하는 불에 대해 언급한 성경 본문들 속에 나와 있습니다. 그를 고뇌에 빠지게 하는 것은 그 자신의 운명 때문만이 아닙니다. 그것은 또한 그의 사명에 따른 결과들로 말미암은 것입니다. 그의 사명은 명백하게 그가 선포한 말씀에 따르는 것입니다. 더욱이 그가 사명을 완수한 결과로서 사람들이 하나님을 배척하게 된다는 사실입니다.

걸림돌 Le scandale

그 고뇌에 이어 나는 걸림돌들에 대한 말을 덧붙이고자 합니다. 나는 여기 나오는 내용이 통상적인 해석에 익숙한 독자들에게는 생각할 수도 없는 것처럼 여겨지리라는 걸 잘 압니다. "실족하게 하는 일들에 걸리는 일이 일어나지 않는 것은 불가능하다. 그러나 그것을 일으키는 자는 화가 있다! 이 작은 자 중 하나를 실족하게 하면 차라리 연자 맷돌이 그 목에 달려서 바다에 빠뜨려지는 게 더 낫다. 그러니 너희 자신을 조심하라"라고 그는 제자들에게 말합니다. 이 말을 깊이 생각해봅시다. 만일 이 말이 세상 곳곳에서 부자들과 권세 있는 자들과 부도덕한 자들과 악인들에 의해 초래된 걸림돌에 관한 것이라면, 새롭지 못한 말이 됩니다. "연약한 자들을 넘어뜨리는 자들은 벌을 받을 것이다." 그 말을 예수가 꼭 할 필요는 없었습니다. 그렇다면, 이 말이 그의 제자들에게 한 마지막 구절인 "너희들은 조심하라"와 무슨 연관이 있을까요? 그들이 걸림돌에 걸려 넘어질 수 있는 사람들이어서 그럴까요? 그렇다면 "조심하라"라고 그들에게 말하는 것은 아무 의미가 없습니다. 이 본문의 아주 분명한 의미는 다음과 같습니다. "너희들이 걸림돌이 될 수 있다. 너희의 한마디가 연약한 자들에게 걸림돌이 될 수 있다. 그러니 조심하라…." 또한 그와 동시에 이런 뜻도 담겨 있습니다. "걸림돌이 없게 하는 것은 불가능하다!" 어떤 걸림돌을 말하는 걸까요? 아무 걸림돌이나 다 해당하나요? 아니 전혀 그렇지 않습니다. 예수는 그 자신에 대해 말하는 것입니다. 그가 지피는 불에 대해서, 그의 존재와 그가 전하는 말씀과 그가 행하는 기적들과 그의 '드러남'으로 인해 초래되는 갈등들에 대해서 이야기하는 것입니다. '하나님의 아들', '나와 아버지는 하나다'라고 말하는 것과 '이스라엘의 메시아'라고 선포되는 것이 걸림돌이 되고 넘어지는 함정이 되게 하는 것을 어떻게 피할 수 있을까요? 무엇보다 이스라엘의 진실한 신자들을 위해서 말입니다. "나는 걸림돌이 되는 것을 피할 수 없다. 그러나 또한 이것이 끔찍한 결과들을 불러오리라는 걸 안다."

그가 두려워하는 것은 그 결과들 때문에 자신이 받게 될 고통이 아니라 연약한 사람들이 받게 될 고통 때문입니다. 바로 그들 때문에 그는 고뇌하고 애통해합니다. 그들 또한 함정에 빠질 수 있기 때문입니다. 그렇다고 예수 자신은 자신이 계시하는 것이 그들이 걸려 넘어지는 함정이 될 수 없도록 할 수가 없습니다. 예수가 계시하는 것은 분명히 걸림돌입니다. 하나님이 한 인간 안에 있다는 것을 두려움과 떨림 없이 그 누가 믿을 수 있겠습니까? 인간으로 오신 하나님이 십자가 위에서 죽음을 맞이한다는 것을 누가 믿을 수 있겠습니까? 이성적인 인간이라면 그 누구라도 그처럼 믿기지 않고 무시무시한 계시를 받아들일 수 없습니다. 그래서 그 계시를 접할 때마다 받는 충격으로 말미암아서 모든 것을 의심하게 될 것입니다. 그것은 피할 수 없는 걸림돌이기에 예수는 자신에 대해서 선언합니다. 그는 앞으로 일어날 일을 알기 때문입니다. "사람들을 넘어뜨리는 걸림돌을 불러일으키는 자에게 화 있을진저…" 그것은 예수 자신에 대해서, 자기 자신을 위해서 말한 것입니다. 그는 그것이 수천 년을 넘어 계속될 것을 알고 있습니다.

모든 걸림돌 중에서 가장 무서운 것은 한 집단이, 한 교회가, 한 민족이 이 견딜 수 없는 계시를 더는 걸림돌로 느끼지 않는 때입니다. 키에르케고르가 보여준 것처럼 사람을 넘어뜨리는 온갖 함정 중에서 가장 끔찍한 것은 성육신과 십자가의 죽음이 아주 당연한 현실이 되어버리는 것입니다. 예수는 자신이 사람들로 하여금 걸려 넘어지게 하는 함정이 되어 그들을 넘어지게 하는 것 때문에 고통을 받습니다. 그러나 그가 넘어지게 하지 않는다면, 그는 구원자도 아닐 것이며, 길이요 진리요 생명도 아닙니다. 그로 하여금 모든 연약한 사람들 때문에 두려움에 떨게 하는 것은 바로 그 풀 수 없는 문제입니다.

사도들

예수가 나날이 겪은 고통의 긴 여정 가운데 우리는 이제 그와 가장 가까운 사람들인 제자들과 사도들을 살펴보려고 합니다. 예수를 믿고 따르고 그에 대한 믿음을 고백한 그들 역시 그에게 고통을 안겨주었습니다. 그들을 향한 그의 인간적인 우정으로 말미암아서, 그들의 오해와 그 결과에 따라 가르침이 실패한 것 때문에 그는 고통을 겪었습니다. "어째서 너희들은 이 비유를 알아듣지 못하느냐? 그렇다면, 비유로 전해지는 모든 것을 어떻게 이해하겠느냐?" 예수는 아버지로부터 받은 절대적인 진리를 그토록 허술한 사람들의 손에 맡겨야만 하는 데 따르는 고뇌를 겪습니다. 그리고 요한복음이 그리도 빈번하게 보여주는 제자들의 오해로 말미암아서 고뇌하고, 그들을 향한 애정과 진리 사이에서 괴로워합니다. 우리가 아주 잘 아는 그 모든 성경 본문들을 다시 돌아봅시다.

사단아, 뒤로 물러가거라!

베드로가 모든 사도의 마음속 깊이 있었던, 그 위대한 신앙고백을 하고는 곧이어서 예수의 말씀에 의심하는 말을 던집니다. 이는 예수에게는 시험이 됩니다. "가당치도 않습니다. 늑대의 아가리에 스스로 몸을 던지시려 하다니 그래서는 안 됩니다!" "사단아, 내 뒤로 물러가라, 너는 나를 넘어지게 하는 덫이다." 가장 충실하고 열렬하며 전적으로 헌신하는 베드로에게 예수가 이 말을 할 때 가장 믿을만하고 충성스러운 친구를 내치는 쓰라린 고통을 겪지 않고 할 수 있었을까요? 예수가 누군가에게 '사단'(고소하는 자)이라고 했을 때는, 가볍게 한 것이 아닙니다. 그러면 베드로는 누구를 고소하는 것입니까? 아주 간단히 말하자면 하나님을 고소하는 것입니다. 예수는 방금 하나님의 뜻은 예수 자신이 끌려가서 죽음을 당하는 것임을 말했습니다. 이에 대해 베드로가 "가당치도 않습니다!"라고 단호히 말한 것은 암묵적으로 하나님을 고소한 것입니다. 이런 일은 우리에게 아주 빈번하게 일어나곤 하지요. 예수는 그래서 아버지를 향한 마음 때문에 고통을 겪으며, 또한 그처럼 참된 분별력을 보였던 베드로가 곧이어 그런 엄청난 실언을 한 것 때문에 고통스러워합니다. 제자들은 이미 이 년 동안이나 그와 함께 지냈습니다. 예수는 그동안 제자들이 그와 함께 보고 들었음에도 아직도 여전히 믿음이 없음을 확인하게 됩니다.

불신앙

그들은 아들의 병을 고치려고 그들을 부르러 온 한 아버지의 요청을 받습니다. 그러나 그들은 병을 고치지 못합니다. 제자들이 병을 고치지 못하는 그들의 무능력에 대해 얘기하러 왔을 때 두 마디의 무서운 말을 듣게 됩니다. 먼저 "믿음이 없고 패역한 세대여, 내가 언제까지 너희를 참아야 하겠느냐?"라는 말입니다. 예수는 불신만 가득한 이 인간적 현실에 대해 분노가 치밀어 올랐습니다. 누구도 믿음의 진정한 기도에 응답하는 이 하나님 아버지를 믿고 싶어 하지 않습니다. 이번에는 "위선적인 서기관들과 바리새인들"이 아니라 거기에 있는 모든 사람을 지적한 것입니다. 그리고 우리는 여기서 불신과 패역을 하나로 연관시켜 보아야 합니다. 이는 단순한 부도덕보다 더 뿌리가 깊은 것입니다. 어긋나고 거스르는 패역은 위선에 빠지게 되는 왜곡된 것으로 근본적으로 사악합니다. 예수는 그들을 견뎌내기가 어려워서, 이 부패한 세상을 벗어나 혼자 있기를 얼마나 더 선호했는지 모릅니다. 병을 고치지 못하는 무능력은 곧 믿음이 없는 것과 패역함을 드러냅니다. 그는 옮겨야 할 이 산 앞에서 거의 낙심하게 된 것입니다.

우리는 이 분노와 고뇌의 탄식을 아주 심각하게 들어야 합니다. 그 탄식은 이제 더는 유대인들을 향한 것이 아니고 바로 우리를 향한 것이기 때문입니다. 그러면 무엇이 우리의 믿음 없음과 우리의 근본적인 패역을 드러내고 있습니까? 그것은 우리가 기도에 의해 병자의 병을 고칠 수 없는 단순한 사실이 아니라, 총체적으로 우리가 고칠 수 없다는 사실입니다. 그것은 광기로 미친 세상을 고치는 것과, 돈이나 권력의 굶주림으로부터 고치는 것과, 기술과학의 톱니바퀴로부터 고치는 것과, 자연을 보존하기 위해 우리에게 주어진 이 땅을 고치는 것이 우리에게는 불가능하다는 사실입니다. 믿음이 없고 패역한 것은 이 세상에 사는 우리 자신들이며, 우리가 사는 이 세상 역시 믿음이 없고 패역하기는 마찬가지입니다. 바로 오늘날 우리는 이 탄식을 들어야 합니다. 우리 자신들, 특히 우리 기독교인들이 들어야 합니다. 그다음으로 이어지는 것이 그것을 증명하는 말입니다. 군중에게 얘기하고 나서 예수는 자신에게 질문하는 제자들에게 재차 말합니다. "너희의 믿음 없음으로 인하여 너희는 아무것도 할 수 없었다." 그는 우리에게 말하고 있습니다. 우리 기독교인들 모두에게 한 사람도 예외 없이 말입니다. 우리는 제일 먼저 이 세상을 고칠 수 있는 선구자들이 되어야 합니다. 때론 물속으로 때론

불 속으로 떨어지고 마는 이 세상의 그 오만과 절망으로부터 이 세상을 고쳐야 합니다. 우리는 아무것도 할 수 없습니다. 아니 그보다는 오히려 교회가 어떤 일을 도모할 때마다, 교회는 매번 잘못한다고 말할 수 있습니다. 이는 교회가 믿음에 초점을 맞추지 않고 믿음에서 출발하지 않았기 때문입니다. 믿음이란 기독교인들에게는 너무나 흔한 말이어서 말할 필요조차 없는 데 말입니다.

"너희에게 만약 겨자씨만한 크기의 믿음이 있었다면…." 이 말에 이어서 산을 옮길 수 있다는 말이 나옵니다. 예수는 결코 사람들에게 내보이기 위해서나 '그의 믿음'을 증명하기 위해서 어떤 산도 옮긴 적이 없음을 잘 생각해 봅시다. 그는 자기 제자들에게(우리에게) '우리의' 믿음의 적음과 헛된 것과 하찮음을 헤아려보게 하려고 그렇게 말한 것입니다. "너희에겐 능치 못한 것이 없을 것이다." 그런데 우리에겐 모든 것이 불가능합니다. 우리는 진실로 증언할 줄도 모르고, 진실로 사랑할 줄도 모르고, 하나님의 은총의 더없이 풍성함을 나타낼 줄도 모릅니다. 우리는 용서할 수도 치유할 수도 없습니다. 여기서 우리는 막다른 골목에 몰리게 됩니다.

우리는 예수가 이 말씀을 가볍게 했으리라고 도저히 믿을 수 없을 것입니다. 예수는 이 말씀에 대해 얼마나 큰 값을 치렀는지 모릅니다. "언제까지 내가 너희들과 함께 있어야겠느냐…." 마치 그는 하나님의 아들이 인간들에게 오도록 자기를 비우기로 한 아버지와 아들의 결정을 후회하는 것처럼 말하고 있습니다. 그는 정말 질려버렸습니다. 이렇게 낙담한 그의 말을 통해서 그는 자신이 겪는 고통이 얼마나 무거운 것인지 말해주고 있습니다. 이미 실패할 것이 분명하게 보입니다. 이 모든 것에도 불구하고 바로 그때부터 예수는 우리를 계속해서 용인하고 있습니다. "나는 너희와 늘 함께 있다…." 우리의 믿음 없음과 패역함은 그에게 계속해서 고통을 줍니다. 병든 이 세상 속에서 아무것도 고칠 수 없는 우리 자신들의 무능력함이 우리 기독교인들에게 고통을 주듯이 말입니다.

친구들

믿음이 없는 제자들 때문에 예수는 고통을 받습니다. 그러나 그들은 여전히 그에게 친구들이자 충실한 제자들입니다. 그리고 여기 이 단순한 인간적인 삶의 자리에 비극이 형성됩니다. 그의 제자들이(우리도 역시) 이 존경하는 스승에게 지극히 인간적인 우정을 지녔다는 것은 사실이 아닙니다. 제자들이 행한 모든 배신과 부인이 그 증거입니다. 그가 영적인 차원에서나 아주 단순한 인간적인 관계에서나 다 패배하여서 모두로부터 버림받고 홀로 남기까지 제자들은 그를 배신하고 부인했습니다. 그는 그들 모두를 잃었습니다. 그에게 단 한 사람의 동반자가 있다면 아마도 베드로의 고백보다 더한 근본적인 믿음의 고백을 한, 함께 십자가에 달린 강도가 있었을 뿐입니다.

겟세마네

그가 버림받는 것은 겟세마네 동산에서 밤에 사도들이 잠드는 것과 함께 시작됩니다. 우리는 모두 이 드라마 같은 이야기를 기억합니다. 예수는 홀로 기도하기 위해 더 멀리 갑니다. 이는 아마도 제자들이 그의 절망과 낙담과 두려움이 어디까지 이르렀는지 듣지 않게 하려는 것이었겠지요. 그것은 죽음 앞에서의 두려움이었을까요? 그럴 수도 있고 그렇지 않을 수도 있습니다. 왜냐하면, 그는 자기 죽음이 그가 버림받은 것을 보여주리라는 걸 알고 있기 때문입니다. 그는 아버지도 잃고 홀로 있게 될 것입니다. 그를 두렵게 하는 것은 바로 이 관계의 단절입니다. 이는 십자가의 고통 그 자체보다 더한 것입니다. 그가 버림받는 것은 제자들이 잠자는 것과 함께 시작됩니다. "그러니까 너희들은 단 한 시간이라도 나와 함께 깨어 있을 수 없었더냐!" 주의력이라곤 전혀 없는 제자들을 두었다는 실망감에 또 다른 두려움이 덧붙여집니다. 그것은 예수가 함께 있지 않게 될 때에 그의 제자들이 너무나 연약하고 느슨하고 용기도 없는 나머지 모든 걸 포기해버릴 것 같은 데서 오는 두려움입니다. 그래서 그는 영적 투쟁과 순종을 위해 깨어 기도하는데 제자들이 함께하지 않은 것을 질책하고 나서 경고를 덧붙입니다. "이제부터 너희는 시험에 빠지지 않도록 깨어 기도하라." 어떤 시험을 말하는 겁니까? 그것은 모든 걸 다 포기하고 주님의 일을 계속하는 대신에 잠을 자고 복음을 전할 수 없게 되어 버리는 시험을 말합니다. "깨어 기도하라!" 그들은 그 말대로 하지 않았습니다. 그의 책망과 권면은 아무 소용도 없었습니다. 예수가 다시 돌아왔을 때 그들은 다시 잠들어 있었습니다. 이렇게 버림받는 경우가 어디 있겠습니까! 한 인간으로서는 결코 이처럼 버림받는 경우가 있을 수 없습니다. 이는 단지 친구나 형제의 부재가 아니라, 영적인 모든 구원의 손길의 부재이며 그가 믿고 있었던 사람들은 연약한 존재에 지나지 않음을 보여줄 뿐입니다. 예수는 그들의 우정과 그들의 믿음을 의심하지 않습니다. 그렇지만 "마음은 간절하나 육신이 연약하구나."라 말할 수밖에 없게 되었습니다. 그는 "내 마음이 괴로워 죽을 지경이다"라고 그들에게 말했지만, 그 뒤에 곧 그들은 잠이 들고 말았습니다. 가장 힘든 순간에 수면욕으로 말미암아 아주 저조한 상태에 있던 육신에 그들은 압도당하고 말았습니다. 그들의 스승이 더는 그들과 함께 있지 않을 때는 어떻게 되겠습니까?

마가는 이 무서운 장면을 풍자적이고도 신랄한 말로 끝을 맺습니다. 예수가 세 번째로 그들이 잠들어 있는 것을 발견하고 그들에게 말합니다. "이젠 자거라, 쉬어라! 그만 되었다. 때는 왔다. 인자는 죄인들의 손에 넘겨진다." 무서운 말입니다. "나는 너희를 정말로 믿을 수가 없다. 나는 이 죽음을 향해 홀로 갈 것이다. 그러니 쉬어라. 이젠 더는 나와 함께 하나님께 기도할 때가 아니다." 아마도 속뜻은 다음과 같을 것입니다. "만약에 너희가 깨어서 기도하였더라면, 이 싸움에 함께하여 나를 도왔더라면, 우리가 하나님 앞에서 하나가 되었더라면, 어쩌면, 어쩌면 하나님께서 굽히실 수도 있었을 텐데. 어쩌면 정해진 숙명대로 되지 않을 수도 있었을 텐데. 이제 끝났다. 이제 아버지의 그 뜻을 이루는 일이 남아있다. 아버지는 모두를 향하기도 하고 모두를 거슬리기도 한다. 그러나 너희는 이 일을 성취하는데 참여하지 못할 것이다. 너희는 이제 나를 혼자 내버려 두었으니, 계속 너희가 하던 대로 그렇게 해라. 그러니 이제 자거라!" 이 말은 오늘 우리에게까지 울려옵니다. 이 말은 바로 교회를 향한 말입니다. 어떤 시대를 막론하고 모든 잠자는 교회를 향한 말입니다. 제도적인 잠이나 영적인 잠(신비로운 구름 속으로 도피)에 빠진 교회들이 있는가 하면, 열정적이거나 정치적이거나 그 이외에 다른 수많은 활동을 통해 얻는 재미로 말미암아 잠에 빠지거나, 행동주의의 환상 속에서 잠에 빠지거나, 근본주의의 잠(성경을 문자 그대로 읽으므로 성경이 침상의 베갯머리 책이 되어버릴 때)에 빠진 교회들이 있습니다. 교회들이 잠에 빠진 것은 이 풍자적인 말에 들어맞습니다. "그만 다 되었으니, 이제 자거라!" 겟세마네의 시간에 이렇게 버림받은 것은 다른 모든 것의 전조요 예고입니다. 우리는 흔히 유다의 배신과 베드로의 부인을 비교하여 저울질하곤 합니다. 하나가 다른 하나보다 더 무겁지는 않다는 것은 맞는 말입니다. 이상한 것은 교회의 독단적인 판단으로서 전통적으로 유다는 저주받을 자로, 베드로는 첫 번째 교황으로 삼았다는 사실입니다. 아주 큰 소리로 "나는 그를 모릅니다. 나는 이 사람이 누구인지 모릅니다"라고 외쳤던 그 사람은 그 자신이 하나님의 아들이라고 선포했던 사람이 누구인지 몰랐을까요? 예수는 베드로가 그를 부인할 것을 알았습니다. 육신은 연약합니다. 그런 공포의 분위기 속에서 베드로는 단지 두려웠던 것입니다. 속죄하는 하는 자에게 주어지는 은총이 아니고선 그와 같은 부인은 어떤 것으로도 보상할 수가 없습니다. 베드로는 아직 모르고 있습니다. 그의 부인은 또한 그의 혼란을 반영합니다. 하나님의 아들이 죽어가고 있으니 모든 것을 잃게 되었다는 것이지요. 그러니 그는 괜찮다는 것입니까? 예수의 고독은 다시 반복되었고 계속되었습니다. 그에게는 더는 제자들이 없습니다. 그 제자들은 아무것도 이해하지 못했습니다. 그가 이 땅에 온 것이 실패임이 다시 새롭게 입증된 것입니다.

　그의 뒤에는 누가 남습니까? 한 충실한 제자로서 그를 부인하는 사람입니다. 그리고 그를 배반하는 충실한 제자들입니다. 부인에서 배반까지는 단 한 발짝 차이입니다. 예수는 그 사실을 알고 있습니다. 최후의 만찬에서 모든 제자가 자기 자신들이 배신자가 될 수도 있다는 가능성을 자각하게 되는 믿을 수 없는 장면이 언급됩니다. 예수가 그들에게 말합니다. "너희들 중 한 명이 나를 넘겨줄 것이다." 그들은 몹시 슬픔에 잠겨 한 사람 한 사람 그에게 말하기 시작합니다. "그게 접니까, 주님?" 믿을 수 없는 상황입니다. 이 제자들은 교회의 핵이 되도록 선택된 열두 명의 제자로 복음을 전파하기 위해 부름 받은 첫 번째 사도들입니다. 그런데 누구도 자기 자신에 대해 확신하지 못합니다. 요한도 베드로도 아무도 주저하지 않습니다. 한편, 그들은 예수가 말한 것을 전적으로 계속 믿습니다. 그들은 사실 그들 중 하나가 배신할 것을 의심하지 않습니다. 또 다른 한편, 각자 자기 자신이 그 배신자가 될 수 있음을 압니다. 그렇지만, 그들은 그를 사랑했습니다. 그들 모두, 유다까지도 말입니다. 그렇게 자기 자신들에 대해 의심하는 제자들을 예수가 안심시켰다는 말은 없습니다. 그러나 그는 "나와 함께 접시에 손을 넣는 자"라고 확실히 말했습니다. "내 친구여"라며 예수는 유다 본인에게만 대답해줄 것입니다. 우리는 각각의 질문들 속에서 작은 차이점을 찾을 수 있습니다. 다른 사도들은 "그게 저일까요, 주님?" 하고 묻는데 바로 그 호칭에서 예수가 아버지에게서 온 주님이라는 것을 인정하고 있음을 보여줍니다. 유다는 예수를 랍비(선생님)라고 불렀습니다. 그만큼 유다는 예수가 하나님과의 부자관계임을 확신하지 않습니다.

   요한은 그 장면을 다르게 말합니다. 베드로는 요한에게 부탁하여 누가 예수를 배반할지 여쭈어 보게 했습니다. 사도들은 자기 자신들에 대해 확신을 못하고 있었지요. 예수는 적신 빵조각을, 성찬식을 참 기이한 방식으로 암시하면서, 유다에게 줍니다. 예수는 그 애매모호한 상징물로 유다를 지목하는 것입니다. 그러고 나서, 화도 내지 않고, 비난도 하지 않고, 그는 유다에게 말합니다. "네가 할 일을 어서 하여라." 그러나 이 이야기가 시작되는 부분에서 요한은 그를 따르는 제자 중 하나가 배반할 것을 알았을 때 예수는 "심령이 괴로웠다"고 말하고 있습니다. 거기서 유다를 사랑했고 택했던, 사랑의 완전한 화신인 예수의 고뇌를 읽게 됩니다. 유다를 사도로 택하면서 그가 배신자가 되리라는 것을 신적인 능력으로 이미 알고 있었는지를 묻는 것은 얼마나 부질없는지요. 유다도 자질이 있었던 사람입니다. 유다는 처음부터 배신자가 된 것은 아니었습니다. 그러나 이는 성경의 말씀을 이루려는 것입니다. 함께 복음을 선포했던 자 중 한 명은 배신자가 될 것입니다. 예수는 무척 슬펐습니다. 그가 곧 고난을 당하고 죽게 될 것이라고 말하고서 유다가 나가고 나서도 여전히 의심이 자리 잡고 있습니다. 예수는 그 제자들을 믿을 수 없다는 것을 알고 있습니다. "오늘 밤에, 너희가 모두 나에게 걸려서 넘어질 것이다." 제자들이 자기 자신들을 못 미더워한 것은 틀리지 않았습니다. 항변하면서 자신의 충성을 장담하는 자가 곧 가장 명백하게 예수를 부인하게 됩니다.

입맞춤

 복음서 기자들이 예수가 입맞춤에 의해 배신당했다고 밝히면서 얼마나 마음이 찢어지는 고통을 겪었을까 싶습니다. 우애의 입맞춤이 죽음에 이르게 하는 표시라니요. 그와 같은 의도로 하는 입맞춤을 받아야 하는 예수에게는 그것이 얼마나 깊은 슬픔이었을까요.

 다시 한 번 강조하지만, 예수는 초능력자도 금욕주의자도 아니며 오히려 평범한 사람보다 훨씬 더 섬세한 감성을 가지고 있었습니다. 무엇보다 예수의 반응만을 문제삼는, 우리가 살펴본 이 장면들을 그 모든 부인과 배신들을 초월한 하나님의 아들에게 일어난 일로 보아서는 안 됩니다. 그러니까 예수는 친구의 배신이나 가장 가까운 이들로부터 버림받는 것과 같은 일들에 대해 보통 사람이 괴로워하는 것 이상으로 괴로움을 느끼는 사람이었습니다. 한 단어가 그 사실을 보여줍니다. "심령이 괴로웠다"는 말에서 심령은 그를 아버지와 묶어주는 것으로 가장 핵심적이고 본질적입니다. 그 심령이 무너졌거나 흔들렸거나 괴로워했던 것입니다. 그 기억을 되살리기만 해도 그것이 얼마나 큰 느낌으로 다가오는지요. 여기서 예수가 이미 어떤 참담한 아픔을 겪게 되었는지 알 수 있게 됩니다.

거부

인자의 고난을 보게 하는 성경 본문들을 살펴보는 가운데 그가 모든 사람으로 받은 부정적인 반응들을 따로 떼어 볼 필요가 있습니다. 먼저, 예수가 치유해 주었거나 구원해준 사람들과 기적을 목격한 증인들로부터 배척받은 그 모든 놀라운 이야기들을 봅니다. "온 읍내 사람들이 예수를 만나러 나왔다, 그들은 예수를 보고, 자기네 지역을 떠나달라고 간청하였다."마8:28-34 분명히 그 일은 그들이 자신들의 돼지 떼를 잃고 난 후에 일어납니다. 그러나 그것은 이유가 되지 않습니다. 그랬었더라면 돼지 떼의 주인들이 화났다고 말했을 겁니다. 그게 아닙니다. 예수에게 와서 떠나달라고 간청한 것은 그들이 감당할 수 없을 정도의 능력을 그들 눈앞에서 보았기 때문이었습니다. 그것은 그의 제자들이 될 사람들의 반응과 같은 것이었습니다. 기적적으로 많은 고기를 그물로 잡고 나서 시몬은 예수의 앞에 무릎 꿇고 엎드려 "나에게서 떠나주십시오"라고 했습니다. "왜냐하면, 베드로와 그와 함께 있는 모든 사람은 놀랐기 때문입니다."눅5:9 물론 사람들이 병 고침을 받고자 아주 많이들 찾아오곤 합니다. 그러나 또한 사람들은 초월적인 현실 앞에서 한없는 두려움을 가지게 됩니다. 우리는 그런 장면들을 통해서 그에게서 기적을 위한 기적을 구하는 사람들의 요청에서 그 기적이 아주 놀라운 재밋거리나 장터의 구경거리여야 한다는 조건이 붙어 있는 것을 종종 발견하게 됩니다. 그와 같은 예는 빨리 찾아볼 수 있습니다. 예수가 헤롯

앞에 섰을 때, 헤롯은 아주 만족했습니다. 그 이유가 이어집니다. "그는 예수의 소문을 들었으므로 예수가 몇 가지 기적을 일으키는 것을 보고 싶어 하였다."눅23:8 마법사나 마술사는 언제나 흥미를 끕니다. 그러나 실제로 예수의 기적을 본 사람들은 그런 것과는 아주 다른 능력이 거기에 임하는 것을 분명하게 알게 되었습니다, 그래서 그들은 두려웠습니다. 이는 이미 언급한 바와 같이 예수가 늘 겪게 되는 오해를 보여줍니다. 그것은 그가 교육적인 목적으로 사용한 모든 다양한 형태의 말씀들을 부정하게 합니다. 그 말씀들은 비유와 성경 인용과 교리 교육과 직접적 선포와 공중 앞에서의 설교와 기적에 대한 사후설명 등에 담겨 있습니다. 그 어떤 것도 그 오해를 없앨 수 없을 것이며, 그 오해는 오늘날도 여전히 그리고 교회사를 통틀어 내내 남아있습니다.

조롱

이렇게 근본적으로 이해하기를 거부하는 가장 저열한 태도 중의 하나가 조롱하는 것이었습니다. 예수가 사람들에게 조롱거리요 조소거리였던 것을 절대 잊지 맙시다. 조롱은 실상 타인에 대해서 아무것도 이해하지 못하는 사람이 그 타인을 조롱함으로써 자신이 그보다 아주 우월하다고 자처하는 것입니다.

우리가 이웃을 조롱하고 싶은 유혹을 받을 때는 예수가 사람들에게 조롱거리였다는 사실과 조롱의 뿌리는 곧 이해하기를 거부하는 것임을 늘 기억합시다. 예수가 가장 위대한 기적 중의 하나로서 야이로의 딸을 소생시키고 나서 '아이가 잔다'고 말했을 때, 그 말에서 죽음을 잠으로 축소하는(예수에겐 죽음이 잠이지요) 의미의 중요성을 이해하지 못하고 사람들은 그를 비웃었습니다. 그래서 비웃는 자들을 돌려보내는 것 외에는 다른 해결책이 없었습니다.마9:24-25 이 사실은 거기에 있었던 모든 사람이 크게 소리를 지르고, 울고, 감탄했었다는 마가의 기록보다도 내게는 더 중요하게 보입니다. 이는 그들의 온갖 눈물이 거짓이었으며, 하나님이 하나님임을 사실상 거부하고 있음을 분명하게 보여줍니다. 그들의 눈물은 위선이었습니다. 그들은 "두려워하지 말라. 믿기만 하라"는 말씀을 이해할 수 없었습니다.

　예수가 이 땅의 재물 관리(불의한 청지기의 비유)에 대해 중요한 교훈을 막 들려주었을 때 똑같은 상황을 발견합니다. 바리새인들은 그를 비웃었습니다. 물론 그는 좋은 상술을 문제 삼게 되었고 사람들은 거기서 그가 상술에 대해서 전혀 모르는 것을 알게 되었습니다. 바리새인들은 이 바보 같은 가르침을 비웃습니다. 그러나 예수는 단 한 번으로 그 조롱에 대한 응수를 끝냅니다. "너희는 사람들 앞에서 스스로 의롭다고 하는 자들이다. 그러나 하나님께서는 너희의 마음을 아신다. 사람들이 높이 평가하는 그러한 것은 하나님이 보시기에 혐오스러운 것이다." 눅16:15 스스로 우월하다면서 예수를 조롱하는 데 대한 근본적인 대답입니다. 예수는 무엇이 사람들이 높이 평가하는 것인지는 상세하게 밝히지는 않습니다. 이는 부나 권력을 높게 보는 것만을 말하는 것은 아닙니다. 이것은 영적인 높음(우리가 아주 높이 평가하는 일입니다!)일 수도 있고 높은 사상을 가진 것일 수도 있고, 혹은 도덕적인 고고함, 즉 선행을 하면서 얻게 되는 존경일 수도 있습니다.

　그러나 조롱은 예수에겐 언제나 고통을 주었습니다. 그 고통은 단지 조롱을 당하는 데서 오는 불쾌감뿐만이 아니라 오해와 불신으로 말미암은 것이었습니다. 십자가에 매달려 있을 때 군인들과 구경꾼들이 퍼부은 조롱은 비극이었습니다. 그들이 왕권을 상징하는 표상인 홍포와

왕관과 왕홀을 가짜로 만들어 그에게 우스꽝스럽게 입혀서 조롱한 것은 실제로는 하나님을 향해 조롱한 것이었습니다. 왜냐하면 시저(로마 황제) 이외에는 그런 왕권을 가진 자가 없기 때문입니다. 그러니 시저의 바로 앞에서 이 하찮은 유대인은 대체 무엇이란 말입니까? 그들의 조소는 자신이 주님이며 하나님의 아들인 것을 알고 있지만 스스로 발설하지 않는 예수의 왕권을 향한 것입니다. 예수는 실제로는 하나님을 향한 이 조롱으로 말미암아서 고통을 겪는 것입니다. 이 조롱은 또한 그의 백성을 향한 것이기도 합니다. 왜냐하면, 예수는 항상 그의 백성과 연결되어 있기 때문입니다. 어느 때라도 그는 택한 백성을 부인하지 않습니다. 서기관들과 바리새인들에 대한 공격은 이것과 아무 상관이 없습니다. 그와는 반대로 그는 이 선택된 백성이 목자 없는 양떼와 같은 상황에 있기에 고통스러워하는 것입니다.

누가는 이 비극적인 시간 속에서 또 다른 조롱의 장면을 말해 주고 있습니다. 그를 둘러싸고 있던 사람들은 그의 얼굴 위에 보자기를 씌워 때리고 나서는 누가 그를 때렸는지 알아 맞추어보라고 합니다. 조금 전까지는 그의 왕권에 대해 조롱하는 것으로 하나님의 왕권에 대한 무지와 오해와 무감각에 기인한 것이었습니다. 이 왕권에 대해서 오늘날도 여전히 의기양양하게 어리석은 짓들을 하고 있다는 것을 잊지 말아야 합니다. 여기서는 선지자와 예언자와 기적들을 행했던 사람을 조롱하는 것입니다. 그들은 그에게 마술을 한바탕 해주길 바랍니다. 한 번 더 말하지만 사실 그들이 조롱하는 것은 그들의 어리석음과 무지에서 나온 것입니다. 그들은 사랑의 표현이었던 그 기적들의 깊은 의미를 전혀 이해하지 못했습니다.

가장 비극적인 순간에 또 조롱하는 일들이 일어납니다. 그 근원은 더더욱 유혹에 가깝습니다. 곳곳에서 예수는 조롱을 받습니다. 대제사장들로부터마27:41, 바리새인들로부터눅16:14, 군인들과 일반인들로부터눅22:63 그리고 재판관들로부터눅23:35 말입니다. 간단히 말하자면 세상이 높게 평가하는 모든 사람으로부터입니다. 예수에 대한 이런 끊임없는 조롱은 내가 그다지 중요하게 생각하지 않은 한 구절을 생각나게 하고 이해하게 했습니다. "복 있는 사람은 오만한(조롱하는)자들의 자리에 함께 앉지 아니하며"시1:1라는 구절입니다. 이 구절이 시사하고 있듯 오만한(조롱하는)자들을 악인들, 죄인들과 같은 부류에 둔다는 것이 나에게는 지나친 것으로 보였었습니다. 예수를 조롱하는 것은 조롱하는 자의 실제 정체를 드러냅니다. 그는 스스로 남보다 자신이 우월하다고 믿는 어리석은 사람으로서 자신이 이해하지 못하는 것은 조롱거리로 삼습니다.

예수는 처음부터 앞으로 그에게 일어날 일과, 그가 전하는 복음에 대한 사람들의 응대에 대해서 어떤 환상도 가지지 않았습니다. 군중을 긍휼히 여기는 마음이 들 때도 그는 이 군중이 사도들을 맞이하지 않을 것 역시 알고 있습니다. 예수가 사도들을 파송할 때, 그는 다음에서 보듯이 엄청난 이중적 선언을 합니다. 한편으론 "병을 고쳐주어라, 깨끗하게 하라, 하나님의 나라가 가까이 왔다고 전하라"마10:7-10라고 말합니다. 동시에 다른 한편으론 "내가 너희를 보내는 것이 마치 양을 이리떼 가운데로 보내는 것과 같다. 그들이 너희에게 매질할 것이다. 그들이 너희를 나 때문에 재판에 넘길 것이다"마10:16-20라고 합니다. 이처럼 그는 그가 연민을 느끼는 사람들에 대한 어떤 환상도 없습니다. "너희가 행하는 사역과 전하는 말씀이 훌륭하면 할수록 더욱 너희는 사람들로부터 미움을 받게 될 것이다." 예수는 이 말이 제일 먼저 자기 자신에게 적용될 것을 아주 잘 알고 있습니다. 그는 어떤 감사도 어떤 사랑도 어떤 신뢰도 기대하지 않습니다. 조롱당하는 것을 넘어서 미움을 받을 것을 예견합니다. 그 미움은 사도들이 처음으로 받게 될 것입니다.

예수는 사람들이 그를 받아들이는 태도와 증오가 그의 사랑의 크기에 따라 좌우될 것을 미리 예견합니다. 그 사랑의 크기가 클수록 그에 대한 사람들의 태도는 역으로 갈립니다. 예수는 성육신한 온전한 사랑입니다. 그는 전적인 증오를 불러일으키며 (그것은 오늘날에도 계속되고 있지요), 그 증오는 여러 다양한 양상들을 띠게 됩니다. 도스토예프스키의 대심판관의 연설에서도 나오듯이 십자가 고난에서부터 지금도 여전히 계속되는 교회와 기독교 권력의 위선에 이르기까지 말입니다. 그의 사역이 전개되어 구체화하면 될수록, 그의 가르침이 설득력을 갖게 될수록, 그가 행하는 기적들이 명백해질수록, 그와 동시에 그를 향한 세상의 정죄와 완고한 태도는 그만큼 더 분명해집니다. 이에 따라 예수는 제자들에게 그가 실패할 것과 그의 죽음에 대한 가르침을 줍니다. "보아라, 우리는 예루살렘으로 올라가고 있다. 인자가 대제사장들과 율법학자들의 손에 넘어갈 것이다. 그들은 인자에게 사형을 선고할 것이며, 그를 이방 사람들에게 넘겨주어서, 조롱하고 채찍질하고 십자가에 달아서 죽게 할 것이다."마20:17-20 여기서 그가 받을 고난을 여섯 가지로 예언했는데 이 예언들은 다 중요합니다.

물론, 합리주의자인 독자는 예수가 결코 이런 말을 한 적이 없고 이 말은 사건들이 이미 일어나고 나서 만들어진 것으로 판단할 것입니다. 그렇지만, 이 말 속에서 어떤 특별한 것을 발견할 수 있지 않을까요? 예수는 삼 년 동안 사역하면서 깨달은 바가 없었겠습니까? 그가 경험한 계속되는 실패들을 통해서도 그럴 수 있지 않았을까요? 유대인 종교 지도자들과 정치 지도자들이 그에게 적대적이라는 것을 인간으로서 그가 모를 수 있었겠습니까? 그는 몇 번이고 그들을 자극했습니다. 로마 당국도 역시 그에게 분명히 적대적입니다. 그들에게는 그가 민란의 선동자처럼 보이기 때문입니다. 그러니 아주 쉽게 그는 자신이 붙잡힐 것과 정죄 당할 것을 예상할 수 있었을 것입니다. 거기에는 하나님의 어떤 계시나 성령의 말씀이 따로 필요하지 않습니다. 아주 많은 경우 선지자들의 예언이 정치적 사회적인 상황에 대해 단순하고, 정확한 해석에서 나온 것이라는 사실을 상기해볼 수도 있지요. 그들은 거기서 영적인 결론을 얻어내어 하나님의 응답으로 선포합니다.

인자의 길

그것은 또한 맡은 사명의 성취를 위해서 "인자가 반드시 많은 고난을 받고, 장로들과 대제사장들과 율법학자들에게 배척을 받아, 죽임을 당해야"막8:31 하기 때문입니다. 거기서 필연적으로 "정의를 위해 박해를 받는 이들은 행복하여라. 하늘나라가 그들의 것이다"라는 말씀이 나옵니다. 이 두 말씀은 병행해서 보아야 합니다. 한편으론 '반드시 해야 한다'였습니다. 그러니까 꼭 필요한 것이지요. 왜냐고요? 이유는 아주 간단합니다. 예수는 고통과 오해로 점철된 인간 조건에 온전히 함께 하려고 오셨기 때문입니다. 모든 인간에게 온전히 가까이 다가가려면 인자는 고통을 당해야만 합니다. 또한, 그는 죽음을 받아들임으로써 하나님을 향한 온전한 순종을 이룹니다. 그러나 동시에 사역을 시작할 때부터 그는 '복'을 선포합니다. 그가 겪은 고난과 그가 받은 박해는 이 팔복(진복팔단)을 보장하고 확증하는 것입니다. 예수는 정의를 위해 고난을 당했습니다. 그것은 아들의 죽음을 통하여 하나님 앞에서 모든 사람을 의롭게 하려는 것이었습니다. 이제 정의를 위해 핍박을 당하는 모든 사람은 예수와 하나 되었다는 것을 확신할 수 있게 되었습니다. 예수가 고통당하는 인간과 하나가 된 것처럼 말입니다. 예수가 자신의 죽음을 알리는 것은 팔복을 누리는 모든 사람을 위해서 이미 선포한 것을 자기 자신에게 적용한 것에 지나지 않는 것입니다. 이 엄청난 선포를 하게 하는 것은 여전히 인간의 이성적인 판단입니다. 그는 그것이 그의 사역에 마침표를 찍게 할 것이고 동시에 그에게 분명한 진정성을 줄 것을 압니다. 그는 모든 인간의 고통을 함께 나누었던, 그런 인간이었습니다. 그는 정의와 사랑과 진리를 전파하는 것으로 만족하지 않았습니다. 그는 철학자도, 영적 스승도 아니었습니다. 그는 무력한 길을 가는 것이 인자가 가야 할 유일한 참된 길이라는 것을 입증하러 왔습니다. 그는 그렇게 해서 창세기의 이야기가 우리에게 하나님과 관계가 단절된 인간과는 반대의 삶을 삽니다. 그는 극단적으로 행하여 최후의 고통과 죽음까지 이르게 됩니다. 이후에는 누구도 더는 그의 어떠한 증거들도 따질 수 없게 됩니다.

예수가 실제로 한 말씀들과 아닌 말씀들

예컨대 그것은 예수가 '실제로' 한 말씀들을 세심하게 찾아내려는 연구가 완전히 헛된 일이 되게 하는 이유입니다. 왜냐하면, 그런 연구는 합리적인 비평적 방법으로만 그 말씀들을 구분해낼 수 있다고 하기 때문인데, 그 방법은 예수의 사형판결과 죽음이라는 사실과 들어맞는가 아닌가를 기준으로 예수가 실제로 한 말을 인증하는 것과는 반대됩니다. 이제 유일한 문제는 전해진 말씀들과 비유들과 권고들과 훈계들이 예수가 고난받는 종으로 살았고 의심할 나위 없이 그가 죽음을 당하고 그가 사형선고를 받은 사실과 양립할 수 있느냐 없느냐의 문제로 귀결됩니다. 그 말들이 이러한 사실을 예고하고 있느냐 아니냐는 것이지요. 복음서의 이야기들이 그 사실과 일관성을 가지면 어떤 사건이냐 어떤 기적이냐를 논하는 것이 헛된 것이 됩니다. 복음서에서 말하는 예수의 삶은 고난 받는 종의 삶입니다. 그리고 그 삶을 증언하는 말은 모두 다 사실입니다.

죽음

마침내 마지막 질문을 해야 할 것 같습니다. 사실상 언제나 같은 질문이지요. 하나님의 아들 예수는 자신이 사형판결을 받고 죽임을 당할 것을 선언합니다. 그는 하나님의 아들입니다. 또한, 그는 몇몇 담화에서 그가 부활할 것을 알립니다. 그래서 우리는 즉각적으로 그가 죽음을 이겨낼 것과 그것이 아버지의 뜻임을 알았기 때문에, 그러한 고난과 죽음을 아주 쉽게 받아들였다고 생각하게 됩니다. 그러나 그가 그와 같이 될 것이라는 것을 미리 알았다고 해도 그가 겪는 고통의 두려움에는 아무 변화가 없습니다. 그것이 하나님의 뜻이라고 선언하는 것도 육체적인 고통이라는 현실과 이겨야 할 마지막 원수가 죽음이라는 사실은 바꾸지 못합니다. 그 원수는 하나님의 적대자이며, 예수는 이 하나님의 적대자에게 넘겨질 것입니다!

미리 안다는 것은 어떤 위로도 주지 않습니다. 최종적인 승리를 확신하는 것도 마찬가지이지요. 그것이 아버지의 뜻인 것을 안다고 해도 그만큼 더 쉽게 받아들여지지는 않는 것입니다.

하나님의 뜻

왜 그렇게 해야만 했을까요? 예수는 인간입니다. 인간으로서 그는 이 질문을 하지 않을 수 없습니다. 나를 포함한 수많은 복음서의 독자들이 그러는 것처럼 말입니다. 그들은 '그렇게 해야만 한다'는 것에 큰 충격을 받았던 것이지요. 하나님에게 다른 방법은 없었을까요? 예수라는 인간으로 오신 이는 하나님의 최후의 도구가 되는 것을 받아들였습니다. 그러나 정확히 아무 속임이 없게 하려면 그의 고통이 아주 끔찍한 고통이어야만 했습니다. 그의 죽음은 육체적인 고통뿐만 아니라 실제 죽음이 무엇인지에 대해 예수가 가진 지식으로도 가장 비참한 것이어야만 했습니다. 그는 누구보다도 죽음에 대해 훨씬 많이 알고 있었습니다. 그래서 죽음은 그에게는 누구보다도 가장 무서운 것이었습니다.

부르짖음

이는 우리로 하여금 예수의 무한한 고통을 표현하는 마지막 말을 살펴보게 합니다. 그것은 "나의 하나님 어찌하여 나를 버리셨습니까?"라는 부르짖음이었습니다. 인자는 죽음 저 너머에 갈 수 있었을까요? 하나님에 의해 버림받았다고 알고 믿는 사람은 이 생각조차 할 수 없는 완전히 버림받은 고독 속에서 예수가 겪었던 것의 희미한 그림자만을 경험하는 것입니다. 생각조차 할 수 없습니다. 어떻게 하나님이 죽을 수 있단 말입니까? 어떻게 사랑이신 아버지께서 그의 아들을 희생시킬 수 있단 말입니까? 어떻게 하나님 아버지의 아들인 예수는 버림받을 수밖에 없게 되어 더는 그를 '아버지'라 부를 수도 없게 된단 말입니까? 어떻게 예수는 이제 하나님으로부터 버림받은 여느 사람과 같이 '하나님'이라 부를 수밖에 없다는 말입니까? 예수는 "나와 하나님은 하나다"라고 선포했는데, 어떻게 이 모든 것이 일어날 수 있단 말입니까? 생각조차 할 수도 없고, 이해조차 할 수도 없는 것은 인간 예수에게도 마찬가지여서 그는 어떤 도움의 손길도 없이 죽어가면서 버림받았다고 느낄 수밖에 없습니다. 더욱이 그는 토라를 완벽하게 알고 있기에 자신이 저주받은 것으로 압니다. 토라에 따르면 '나무에 매달려 죽은' 자는 저주받은 자입니다.

성자 하나님과 성부 하나님의 관계가 그렇게 단절되고 하나님 안에서조차 분열이 일어나는 것(상상할 수도 없지만요!)과 동시에, 예수는 또한 그의 모든 사역이 실패로 끝나는 것을 구체적으로 본 사람으로서의 아주 인간적인 고통도 겪게 됩니다. 그는 유대인들에게 율법의 새롭고 참된 의미를 전해 주고자 했습니다. 그는 토라의 근본을 무너뜨린 것이 아니라, 반대로 토라의 형식적 적용과 율법주의를 넘어서서 토라에 생명의 숨결과 힘과 깊이를 다시 불어넣어 주고자 했습니다. 그는 율법학자들의 한계를 벗어나서 토라를 삶의 실존적인 차원에 연결합니다. 선택된 민족이 진정 선택된 민족이 되어야만 합니다. 이제 인류 역사상 일어난 가장 엄청난 실패 속에서 모든 것이 끝이 납니다. 백성을 그토록 사랑했던 그는 버림받았고, 아브라함의 하나님을 위해 진력했던 그는 배척당했습니다. 고통 중에 이보다 더 무서운 고통이 어디 있겠습니까?

사람인 하나님의 아들은 아버지의 은밀한 계획을 알지 못합니다. 그는 자신은 종말의 때를 알지 못하고 오직 아버지만이 안다고 선언함으로써 그 사실을 스스로 밝혔습니다. 그것이 정상입니다. 그가 사람인 이상 그는 하나님 전부를 알지 못하고, "단지 아버지께서 내게 가르쳐 주신 것만" 아는 것입니다. 그는 예수라는 인간으로서는 전능한 주님이 아니면서, "제게 주신 이 사람들을 저는 한 사람도 잃지 않았습니다"라

며 아버지가 그에게 그 사람들을 주셨다는 사실에 감사해합니다.**15** 그
렇게 그에게는 모든 용기와 희망을 불어넣은 사역 때문에 겪는 아주 인
간적인 고통이 하나님의 아들이라는 고통에 덧붙여집니다.

물론, 오래전부터 사람들은 그가 부르짖은 말이 시편 22편 1절**16**의
구절에 해당하는 것을 알고 있습니다. 그래서 사람들은 십자가 위에서
예수가 이 믿음의 선포와 완전한 확신으로 끝나는 시편으로 기도했다
고 결론을 내렸습니다. 그렇겠지요. 그럼에도, 확실한 것은 예수가 부르
짖은 것은 다른 시편 구절이 아닌, 바로 이 구절입니다. 이 말을 한 뒤에
그는 "다 이루었다"라고 선포할 수 있었습니다. 그는 모든 율법을 다 이
루었고 토라의 많은 글이 증거 하듯이 고난 받는 종이요 하나님으로부
터 버림받은 자요 저주받은 자요 무죄한 자였습니다. 하지만, 그는 고통
에 들어갈 수 있는 만큼 깊이 들어가서 인간적으로 생각할 수 있는 모
든 고통을 다 견디어냄으로써 이후로는 어떤 사람이라도 하나님 스스
로 예수 안에서 겪었던 고통보다 더한 고통을 겪을 수 없게 한 것입니다.

복음서의 단순한 읽기

이제까지 우리는 예수의 고난의 여정을 따라가 보았습니다. 여기서
는 우리 마음을 사로잡을 수 있는 감정적인 면은 크게 부각시키지 않았

---

15 많은 기독교인 독자들은 아마도 이 인간으로서의 예수를 소개하는 말에 대해 충격
을 받을 것입니다. 그들은 바울의 이 말씀을 묵상할 필요가 있습니다. "성경에 이르
기를 하나님께서 모든 것을 그의 발아래에 굴복시키셨다" 하였습니다. 모든 것을
굴복시켰다고 할 때에, 모든 것을 자기에게 굴복시키신 분은 그 가운데 들어 있지
않은 것이 분명합니다. 그러나 모든 것이 하나님께 굴복당할 그때에는, 아들까지도
모든 것을 자기에게 굴복시키신 분에게 굴복할 것입니다. 그래서 하나님은 만유의
주님이 되실 것입니다." 고전 15:27-28

16 [역주] "나의 하나님, 나의 하나님, 어찌하여 나를 버리십니까?"

습니다. 또한, 예수의 고난을 낭만적으로 보려고 하지 않았습니다. 어쨌든 어느 곳에서도 예수의 '심리'를 파헤치려 하지는 않았습니다. 예수의 고난에 대한 이 연구는 예수의 성격 분석과는 아무 상관이 없습니다. 아주 겸손하게 복음서를 읽는 데 주력하고자 했을 뿐입니다. 그래서 복음서가 얘기하는 것에 어떤 것도 덧붙이지 않았다고 생각합니다. 전체적인 맥락은 이 모든 성경 본문들을 서로서로 연결하여 볼 때에만 비로소 이해가 됩니다. 때로는 우리가 본 것처럼 더도 아니고 단어 하나만으로도 충분하기도 합니다. 그러나 이처럼 아무런 문체의 형식도 갖추지 않은 소박한 기록들을 모아서 살펴보면, 그 내용의 풍성함과 다양함을 금세 인식하게 됩니다.

내일에 대한 두려움?

여기서 한 가지 짚고 넘어가야 할 일이 있습니다. 예수는 인간의 온갖 고난들을 다 겪었습니다. 그런데 사실은 그렇지 않습니다. 그는 현대인을 괴롭히는 질병으로 선진국들에서 가장 많이 앓는 병인 내일에 대한 두려움을 몰랐습니다. 그것은 결핍에 대한 두려움으로 돈의 결핍과 자원의 결핍과 일자리의 결핍 등에 대한 두려움입니다. 그것은 때로는 순전히 정신병적인 차원의 고뇌이며 사람들에게 진통제, 진정제를 복용하도록 하는 불안이기도 합니다. 이 모든 것을 예수는 겪어보지 않았습니다. 겟세마네에서 겪는 번민은 이러한 불안이 아닙니다. 번민은 실존적인 질문이 크게 다가오는 것입니다. 그는 실제로 그것을 겪었습니다. 그 나머지 것인 이 모든 정신 장애들을 그는 겪지 않았습니다. 그가 받은 모든 고통은 바깥에서부터 그에게 왔습니다. 갖은 모욕과 조롱과 구타와 피로와 같은 것들이지요. 그 모든 것은 아주 구체적인 현실로서 사람들이나 상황에 의해 그에게 주어졌던 것입니다. 그러나 그것은 상상 속의 두려움이나 우리의 존재 깊은 곳에서 나오는 고통은 아닙니다. 어떻게 그렇게 단정할 수 있을까요? 그것은 그가 권면한 말을 다시 읽어 보는 것만으로 충분합니다. "목숨을 부지하려고 무엇을 먹을까 걱정하지 말고, 몸을 보호하려고 무엇을 입을까 걱정하지 말아라. 너희 가운데서 누가, 걱정한다고 해서, 제 수명을 한순간인들 늘일 수 있느냐? 그러므로 걱정하지 말아라. 너희의 하늘 아버지께서는 이 모든 것이 너희에게 필요하다는 것을 아신다. 내일 일을 걱정하지 마라. 그날의 고통은 그날로 족하니라." 예수는 그가 사는 것을 있는 그대로 말합니다. 그가 말한 것을 말한 그대로 살듯이 말입니다.

예수는 내일에 대한 근심이 없었고 불안스러워하지도 않았습니다. 앞으로 닥쳐올 일에 대해서 그는 믿음으로 모든 것을 아버지께 맡겼습니다. 이 점이 현시대엔 아주 심각하게 보입니다. 이것이 현시대의 가장 근본적인 문제이기 때문입니다. 현대인은 확실히 미래에 대한 보장과 보험과 의료제도와 각종 보장을 갖춤으로써 가장 안전하게 보호되고 있습니다. 그러나 현대인은 역사상 가장 불안하고 걱정 많은 사람으로 보입니다. 현대인은 두렵습니다. 예수 그는 두렵지 않다며 그 이유도 말했습니다. 그는 그런 불안함이 없이 사는 것이 어떻게 가능한지를 단순명료하게 말합니다. 그러나 현대인은 바로 그것을 원하지 않을뿐더러 들을 수도 없습니다. 현대인은 내일의 비밀을 내일에 맡겨둘 수가 없고, 자기 맘대로 할 수 없는 것을 견딜 수 없어 합니다. 현대인은 모든 것을 그의 소관에 두어야 합니다. 그는 모든 것을 소유하길 원합니다. 그는 안전과 미래를 탐합니다. 그렇게 하는 가운데 그는 불안해서 죽을 지경이 됩니다. 그는 모든 것의 주인이길 원합니다. 그래서 가장 사소한 일이라도 그의 손에서 벗어나면 견딜 수가 없습니다. 예수는 어떤 것도 예견하거나 보장하려 하지 않습니다. 그래서 그는 평화롭고 고요합니다.

그것이 예수에겐 쉬운 일일까요? 그렇지 않습니다. 인간 예수는 완전한 인간이었고, 그러기에 인간으로서 미래를 지배하고 싶은 욕망을 가질 수도 있었습니다.17 여기서 우리는 벌써 하나의 유혹을 보게 됩니다. 그러나 그는 어떻게 평화 속에서 살게 되는지 말했습니다. 그것은 그 자신이 하나님 아버지와 화해했기 때문입니다. 그리고 그는 우리와도 화해했습니다. 그는 우리에게 우리 자신들과 화해할 것을 권합니다. 그러면 걱정 근심이 사라질 것입니다. 여기서 우리는 은총에 의한 구원이 선포될 때 우리가 겪는 어려움에 직면합니다. 우리는 이 구원을 확실하게 하려고 우리 자신이 그것을 '이루길' 원합니다. '만약 내가 이걸 하면, 나는 구원받은 게 확실해'라는 식이지요. 그것이 바로 커다란 유혹입니다. 그것은 곧 하나님의 자유 의지를 피하려는 것이기 때문입니다. 하나님을 구속하다니요! 인간에겐 자신의 미래와 구원을 얻으려고 스스로 모든 수고를 다 하는 것보다 은총에 의한 이 구원을 믿는 것이 그 무엇보다 더 어려운 것입니다.18 (은총에 의한 구원을 믿는 것은 하나님의 선한 의지를 믿는 것입니다. 우리는 우리 자신의 힘으로 소유하려는 습성에 너무 젖어 있습니다. 우리는 결코 그 누구도 신뢰하지 않는 습성

---

17 여기서 예수가 내일을 '만들어 내려는' 것을 거부한 점을 언급한 것이 어떤 신학자들의 주장을 무마시키는데 중요하다고 여겨집니다. 그 신학자들은 복음서 속에서 "예수의 전략"을 발견한다고 합니다. 그렇지 않습니다. 예수는 전략가도 아니었고 책략가도 아니었습니다.
18 이 주장은 오늘날에 나온 것이 아닙니다. 12세기 프랑스에서는 사람들이 "왕은 자신의 권력을 하나님과 그 자신 이외에 그 누구로부터도 받지 않는다."라고 말했습니다. 필립 르벨 왕은 이 전통적인 문구를 바꿔서 다음과 같이 선포했습니다. "프랑스 왕은 자신의 권력을 자신의 칼과 그 자신 이외에 그 누구로부터도 받지 않는다."

에 젖어 있습니다.) 예수는 현대인의 고통이라는 재앙을 겪지 않았습니다. 그래서 나에게는 이것이 예수가 겪지 않은 고통을 만들어내는 문명에 대한 가장 강력한 규탄이라고 여겨집니다. 그런데 예수는 인간의 모든 고통들을 짊어졌고, 고통 하나하나를 통해서 한 사람 한 사람과 함께 합니다.

제2장
예수가 받은 유혹들

Temptation of Christ (mosaic in basilica di San Marco)

제2장
예수가 받은 유혹들

그는 모든 점에서 유혹을 받았습니다.

"그는 모든 점에서 우리와 마찬가지로 시험을 받으셨지만, 죄는 없으십니다."히4:15 히브리서 기자는 이전에 "그는 몸소 시험을 받아서 고난을 당하셨으므로, 시험을 받는 사람들을 도우실 수 있습니다."히2:18라고 말했습니다. 이 중요한 두 구절 속에서 우리는 먼저 우리가 지적한 고난과 시험의 관계를 돌아보고 나서, 그다음으로 '모든 점에서'라는 면을 살펴볼 것입니다. 인간이 겪을 수 있는 시험으로 예수가 겪지 않은 시험은 있을 수가 없습니다. 이는 히브리서가 언급하고 있듯이 단지 그가 우리를 구원할 수 있다는 것뿐만 아니라 (우리가 받는 모든 시험을 그가 다 겪었기 때문에), 그가 온전한 인간이었다는 것을 입증하는 것이기도 합니다. 왜냐하면, 우리 개개인은 각기 이런저런 유혹들과 여러 가지 다양한 시험들을 받지만, 그는 혼자서 모든 시험을 다 받았기 때문입니다. 그렇지만, 우리는 여기서 상상의 세계를 그린다거나, 예수를 대상으로 소설이나 영화는 만들려 하지 않을 것입니다. 우리는 복음서가 우리에게 예수가 시험당하는 것을 들려주는 얘기에 만족할 것입니다. 그것을 넘어 너무 멀리 가지 말아야 합니다. 더욱이 우리는 그것이면 충분하다는 것을 알게 될 것입니다.

여기서 하나님인 그의 아버지가 그를 시험하고 그에게 유혹의 돌풍을 통과하게 하지 않는다는 사실을 다시 상기시켜야 할 필요가 있을까요? 인간에 기인하지 않는 시험은 없습니다. 예수에게 있어서도 그렇습니다. 달리 말하자면, 그가 온전한 인간이기 때문에, 그 안에는 죄의 원천이 될 수 있는 모든 것과 유혹의 뿌리들이 있습니다. 그러나 그는 결코 거기에 굴복하지 않을 것입니다. 그는 우리가 하지 못하는 것을 하게 될 것입니다. 그것은 온갖 방식들을 동원해서 단 한 가지 목적을 겨냥하는 이 유혹을 물리치는 것입니다. 그 목적이란 인간인 예수가 하나님의 자리를 찬탈하게 하는 것으로 하나님처럼 되고자 했던 아담의 행위를 재연하게 하는 것입니다. 바로 그것 이외에 다른 것은 없습니다. 다시 말해 그것이 전부입니다. 이는 바울이 빌립보서의 유명한 구절에서 잘 지적한 것이기도 합니다. "하나님과 동등함을 당연하게 생각하지 않으시고…." 예수는 이 궁극적인 유혹을 받았습니다. 그를 거기에 이르게 한 자는 항상 똑같은 원수인 악마입니다. 앞에서 언급한 사단과 여기서 말하는 악마는 같습니다. 악마는 어떤 인격적 존재도 아니며 능력도 아닌 여러 가지 다양한 현실을 나타내는 상징적인 표현입니다. 악마(Dia-bolos)는 일치를 분리시키고, 분열시키고, 깨뜨리는 자입니다. 언제든지 사람들 사이에 분열과 분리와 대립과 반목이 있다는 것은 악마가 있다는 것입니다. 우리 인간은 충분히 악마가 될 수 있습니다. 예수에게는 다른 사람들과의 관계 단절이 있고 일치 가운데서 하나님 아버지와의 단절이 있습니다. 악마는 온갖 방법(선한 방법까지 동원해서)을 동원해서 아버지와 아들 사이, 즉 하나님 안에서조차 단절을 일으키려고 합니다. 그것은 악마에게는 최고의 승리가 될 것입니다.

여기서 서문을 끝맺는 말로 부뜨A. Butte의 한 페이지를 인용하고자 합니다.19 이는 예수 안에 아주 잘 구현된 내용이기도 합니다. "당신은 기도를 통해서 유혹을 겪게 될 것입니다. 기도를 통해서…. 유혹을. 유혹은 하나님의 손안에 있는 것으로 인간의 자유와 존엄성입니다. 유혹이 없으면 자유도 없습니다. 유혹과 시도와 시험으로부터 경험이 생겨납니다. 인간은 에덴동산에서 선악과를 앞에 둔 선택의 날에 자유로운 존재로 탄생합니다. 여기 기도의 자리가 정말 진정한 전투의 장소입니다. 인간이 기도하는 그 자리에서 사단은 공격합니다. 그것이 어느 다른 것보다 위험한 기독교인과 교회의 상황입니다."

유혹의 크기

논란을 불러일으킬 수도 있겠지만, 내 나름의 성경해석을 계속 이어가고자 합니다. 예수는 사역을 시작할 때부터 그가 받을 유혹의 크기를 염두에 둔 것 같습니다. 그는 토라에 대한 자신의 해석을 제시하면서 우리에게 감당하기 어려운 삶의 모델을 제시합니다. 그는 토라 전체에서 점 하나 획 하나도 빠뜨리지 않겠다고 하면서 모든 계명이 다 똑같이 중요하다고 선언하고 나서 이 놀라운 말씀들을 이어서 전합니다.마5:21-48 우리에겐 항시 "그 계명들은 우리에게 해당하는 게 아니야!"라고 말하고 싶은 유혹이 일지요.

"'살인하지 마라' 한 것을 너희는 들었다. 그러나 나는 너희에게 말한다. 어떤 경우든 성내는 것은 살인하는 것이다. '간음하지 마라'하고 말한 것을 너희는 들었다. 그러나 나는 너희에게 말한다. 여자를 보고 음욕을 품는 사람은 이미 마음으로 그 여자를 범하였다. '눈은 눈으로, 이

---

19 뽀므리올POMERYOL, 『사랑받는 자들의 찬양 Le Chant des bien-aimés』, 1984.

는 이로 갚아라'하는 것을 너희는 들었다. 그러나 나는 너희에게 말한다. 악한 사람에게 맞서지 말아라. '네 이웃을 사랑하고, 네 원수를 미워하여라'하고 말한 것을 너희는 들었다. 그러나 나는 너희에게 말한다. 너희 원수를 사랑하여라."

사람들은 예수가 율법을 '영적으로 해석'해서 율법에 대해 많은 자유를 표명한 나머지 바리새인들의 가르침들보다 율법을 더 까다롭게 만들어 버렸다고 말합니다. 율법을 대면하고 있다는 것은 그것을 범하고 싶은 유혹에 끊임없이 직면하는 것입니다. 그러나 예수가 여기서 선언하는 것은 무엇보다도 먼저 자신에게 해당하는 것입니다. 그는 여기서 우리에게 어떻게 그가 살 것이며, 그의 인생 프로그램이 어떤 것인지 알려주고 있습니다. 그럼으로써 그는 또한 우리에게 그가 말한 대로, 즉 그의 아버지인 하나님의 진리대로 살려면 어떤 유혹들을 직면해야 하는지 말하고 있습니다. 우리는 그가 언급한 모든 유혹을 스스로 겪고 물리쳤다는 사실을 제대로 알아야 합니다.

I. 사막에서의 세 가지 시험

이제 마태복음 4:1-10, 마가복음 1:12-13(시험에 대한 구체적 이야기는 없고 다만 언급만 하고 있음), 그리고 누가복음 4:1-13에서 전하는 세 가지 시험들에 대한 이야기를 시작해야 할 것입니다. 나는 이미 이 세 가지 시험들에 대해 여러 차례 글을 썼습니다만 또다시 얘기하지 않고 넘어갈 수는 없습니다. 한편으로 이 시험들은 이후에 이어지는 온갖 다른 시험들을 내포하고 있고, 또 다른 한편으로 분명히 우리 시대와 관계가 있기 때문입니다.

사막

첫 번째로 언급할 것은 근본적인 것으로 예수를 사막으로 인도한 영에 관한 것입니다. 누가는 성령이라 말합니다. 그러나 마태의 말은 더욱 심각합니다. 예수는 시험을 받으려고 사막으로 인도되었다는 것입니다. 사막은 전통적으로 '영들'이 있는 곳으로 사람들이 희생양을 보내는 장소이고, 훌륭한 시련의 장소입니다. 하나님은 시험하지도 않고 우리를 시험에 빠지지 않게 한다고 말했습니다. 그러나 종종 그분은 사막으로 우리를 보냅니다. 예수는 악마에게 시험받도록 성령에 의해 사막으로 인도되었습니다. 예수는 사막으로 인도되는 목적에 대한 인식이 있었을까요, 없었을까요? 별 상관없습니다. 그는 성령이 그를 이끄는 대로 갔습니다. 그는 시험을 받기 위한 상황에 부닥치게 됩니다. 그는 사십일의 금식을 합니다. 이는 이스라엘의 사십 년의 광야생활과 엘리야의 사십일을 상기시키는 것이지요. 그는 이 첫 번째 시험으로 기진하게 됩니다.

분리시키는 자인 악마가 그에게 왔을 때, 그는 온갖 능력을 갖춘 자가 아닌 연약한 사람이었습니다. 그것이 중요한 것이냐고요? 무척 중요합니다. "하나님은 강한 자들을 부끄럽게 하시려고 세상의 연약한 자들을 택하셨습니다." 그리고 악마는 강합니다. 만약 예수가 이긴다면 그의 신체적인 상태가 좋아서도 온갖 능력을 갖추어서도 아닙니다. 어떤 독자들이 항의하는 소리가 들리는 듯합니다. '만약 예수가 이긴다면?'이라니 말도 안 됩니다. 그는 하나님인데요. 어떻게 그가 이기지 않을 수가 있겠습니까? 여기서 우리는 아주 결정적인 의문을 가지게 됩니다. 그것은 십자가 위에서의 죽음과 관련된 의문과 같은 맥락입니다. 예수가 하나님인 이상 그는 죽을 수가 없었습니다. 아니면, 그는 그가 부

예수가 받은 유혹들 **99**

활할 것을 미리 알고 있었습니다. 그러니까 그는 실제로 죽은 것이 아닙니다. 우리는 이러한 주장들을 단연코 부정해야 합니다. 하나님이므로 그는 우리를 우롱하지 않았고, 우리에게 연극을 하지 않았습니다. 만약 그렇지 않았다면, 그의 죽음과 그의 전 생애는 거대한 사기이며 조롱거리에 지나지 않게 됩니다. 하나님으로서도, 그는 여느 평범한 사람처럼 (얼마나 더 큰 위험이 부가될 수 있는지요!) 온전히 시험을 다 겪었습니다. 그는 또한 잔인하게 버림받아서 실제로 죽었습니다.

예수가 이길 수 있는 것은 하나님의 은총으로만 가능한 것이고 하나님의 전적인 책임 아래에서만 가능한 일입니다. 하지만, 예수는 질 수도 있었습니다. 그는 그냥 되는대로 가만히 있을 수도 있었습니다. 아주 합리적인 제안들을 그냥 받아들이는 것 말입니다. 다시 그 얘기로 돌아가야 하는 이유는 예수가 대화해야 할 날개 달리고 뿔 달린 존재를 만나지 않았기 때문입니다. 자기 자신 이외에는 그의 앞에 아무도 없습니다. 그리고 그에게 들어오는 질문들과 제안들은 그의 마음속에서 울려 나오는 것들입니다. 그것들을 묻는 것은 바로 그 자신입니다. 그 제안들은 얼마나 합리적인지 모릅니다. 비극적인 순간입니다. 만약 예수가 유혹을 거절하고 이긴다면, 그는 아무것도 얻지 못하는 것입니다. 십자가에 가기까지 계속되는 고통과 고역의 삶일 뿐입니다. 만약 그가 진다면, 그가 이 합리적인 제안 중 하나에 승복한다면, 그는 지상에서 모든 것을 얻게 됩니다. 그렇지만, 하나님 자신은 모든 것을 잃게 될 것입니다. 그것은 모든 인간을 향한 하나님의 사랑을 입증하기 위해서 선택한 하나님의 마지막 대안이 이전의 다른 것들처럼 실패로 끝나게 되기 때문입니다. 파스칼의 내기20와는 반대인 이 내기에는 얼마나 큰 위험이 따르는지 모릅니다.

빵

사십일의 금식 후에 그는 시장했습니다. 불가피하게 그에게 아주 단순한 생각이 떠올랐습니다. 주변에 있는 돌들을 빵으로 바꾸고 싶은 생각입니다. 왜 안 되겠습니까. 하나의 기적을 행하는 것인데요. 그는 앞으로 얼마든지 많은 기적을 일으킬 것입니다. 그때 이미 그의 마음속에 의문이 하나 떠오르고 있었지요. "내가 정말로 하나님의 아들이라면 그게 가능할 거야." 그것은 자신에게 일종의 증거가 될 수 있습니다. 지금까지는 사실 그의 어린 시절의 신화들이나 그가 세례를 받을 때 나타났던 환상 정도밖에 없었습니다. 그러니 여기에 확신을 위한 보조적인 증거가 하나쯤 더 있어도 무방하지 않으냐는 것이지요.21 그를 보내신 이는 분명히 하나님이시며, 그는 분명히 하나님의 아들, 메시아입니다. 이것은 신성을 모독하는 질문이 아닙니다. 어쨌든 아무도 이 '두 본성'의 공존을 설명할 수 없었기 때문이지요. 문제는 하나의 기적을 일으켜서 그가 하나님의 아들임을 증명하는 것입니다.22 그리고 이러한 유혹

---

20 [역주] '파스칼의 내기'는 신이 존재한다는 쪽에 내기해서 이기면 모든 것을 얻지만 진다 해도 잃을 것이 없으니 신을 믿으라는 논증.
21 F. 드레퓌스F. DREYFUS, 『예수는 그가 하나님이었던 것을 알았을까요? *Jésus savait-il qu'il était Dieu?*』, Le Cerf, 1984. 참조.
22 이는 코란과 근본적으로 다른 관점입니다. 코란에서는 예수가 하는(복음서에서는 얘기되지 않은 세 가지 기적들은 코란에서만 유일하게 취급하고 복음서에서 증거된 기적들은 코란에서는 하나도 소개되지 않았습니다) 모든 기적은 그의 능력과 권세를 과시하는 어처구니없는 기적들입니다. (예를 들어 예수가 하늘로부터 내려오게 하는 것은 진수성찬이 차려진 식탁입니다) 이는 복음서에 소개된 기적들과는 정

은 복음서에서 재차 발견하게 될 것이며, 그런 요청을 하는 것은 일반적으로 사람들입니다.

여기서 우리는 한 가지 질문으로 시작하고자 합니다. 그 질문은 이어지는 다른 모든 질문을 함축하고 있습니다. 그리고 예수가 이 질문을 다시 접하게 되는 경우는 악마가 사람을 통해서 하는 때입니다. 그러나 그 질문 자체로만 보면 그 제안은 아주 정상적으로 보입니다. 한 사람이 배가 고픕니다. 만약 할 수만 있다면, 그는 이 일차적인 욕구를 해결하는 데 필요한 빵을 왜 찾지 않겠습니까? 우리는 이 상황을 더 전개해서 이 제안을 좀 더 넓은 의미에서 이해할 필요가 있습니다. 욕구를 충족시키는 것(여기서는 배고픔이라는 가장 즉각적이고 명백한 욕구를 말합니다)은 생산 과잉과 소비위주의 현대 문명의 총체로서 문제가 됩니다. 나는 이 첫 번째 유혹을 다른 데서는 경제적인 유혹이라고 불렀습니다. 우리의 모든 활동과 제작과 생산의 정당성은 욕구를 충족시킨다는 데 있습니다. "시장에 어떤 제품을 내놓는 것은 그 물건에 대한 수요가 있기 때문이다"라고 선언하는 순간 모든 것은 정당화됩니다. 핵폭탄은 군사적 필요에 따른 것이고, 시속 250km로 달리는 자동차는 능력의 욕구를 만족하게 하려는 것이고, 비디오테이프는 끊임없이 기분전환거리를 찾는 욕구를 채우는 것입니다. 이제까지 없었던 새로운 욕구를 언제나 만들어 낼 수 있습니다. 그 욕구를 만족하게 할 수 있게 되는 순간부터 그 욕구는 없어서는 안 되는 것처럼 보이게 됩니다. 우리의 모든 경제적인 삶은 새로운 제품을 유통하려는 목적으로 새로운 욕구들을 만들어내고, 그리고 그 욕구들을 충족시키기 위해서만 존재합니다. 그러나 그

반대의 의미입니다.

욕구가 만들어지고 나면 그것 역시 실제적인 욕구가 되어 그것을 충족하지 못하면 고통스럽습니다. 이렇게 인위적인 욕구가 자연적인 욕구가 됨으로써 우리는 인위적인 욕구와 자연적인 욕구를 정확하게 구별할 수가 없습니다. 마약중독자가 보통사람에게 음식이 필요하듯이 마약을 간절히 요구하는 것은 분명한 사실입니다. 유일하게 다른 점이라면 갓 태어난 어린 아이는 먹을 것을 필요로 하지 절대로 마약이 필요하지 않는다는 것입니다. 마약은 마약의 사용으로 생겨난 생리적 작용 탓에 필요한 것이 됩니다. 마약은 필요로 하기 이전에 이미 존재합니다. 어떤 욕구들은 어떤 제품들이 만들어내기 때문에 생겨나는 것입니다.

나는 이 간단한 이야기가 우리의 모든 경제적인 삶을 잘 반영하고 있다고 생각합니다. 거기에 악마가 예견하는 결과들과 함께 말입니다. 인간이 이 멋진 기계들을 만들어 냈을 때부터, 인간은 하나님의 자리를 차지합니다. 바로 이것이 인간을 특징짓는 것입니다. 우리는 진정 신적인 존재들입니다. 우리는 이 재료들과 물질들과 원자재들을 정교한 제품들로 변형시켜서 상상조차 할 수 없는 미지의 욕구들을 충족시키는 것입니다. 나는 거의 모든 곳에서 "인간은 정말 신적인 존재다"라고 믿는 것을 봅니다. 개인을 숭배하는 데서, 역사적인 업적을 기리는 데서, 신비한 비의 또는 실험에 의해 비밀을 푸는 과정에서, 그리고 또한 아주 빈번한(기독교인들에게서 점점 더 빈번해지는) "나는 인간을 믿는다"라는 선언들 속에서 말입니다. 그러니 어떻게 합니까! 생산의 기적을 행하여서 인간은 자신이 진정 신적인 존재라는 것을 증명했으니 말입니다.

그러한 유혹을 앞에 두고, 예수는 배고픔에도 자신을 입증하는 기적을 행하기를 거부합니다. 그리고 초석이 되는 중요한 말을 합니다. "사람은 빵만으로 살 것이 아니요, 하나님께서 주시는 말씀으로 살 것이다." 빵이 필요하다는 것은 이론의 여지가 없습니다. 그러나 하나님의 말씀에 대한 굶주림은 위장에서는 덜할지라도 훨씬 더 근본적인 것은 분명합니다. 그래서 이는 단지 "나는 이 기적을 행하기를 거절한다. 나는 내가 하나님의 아들임을 증명하는 것을 거부하기 때문이다"라기 보다는 "나는 (그리고 모든 다른 사람들도) 무엇보다 하나님의 말씀이 있어야 한다"라는 말입니다. 이는 인간의 배고픔이나, 굶주리는 자들에게 빵을 주고 인간의 삶에 정말로 꼭 필요한 것을 생산해내는 일의 유익함을 부정한다는 말이 아닙니다. 이는 존재 중의 존재요 하나님 아버지인 살아있는 하나님의 말씀이 인간의 존엄성을 지키며 살아가는데 더욱 필수불가결하다는 사실을 깨달으라는 말입니다. 우리의 온갖 셀 수 없는 재물의 생산은 실제로 사람을 인간 이하로 만들어 버렸습니다.

"그날이 온다. 나 주 하나님이 하는 말이다. 내가 이 땅에 기근을 보내겠다. 사람들이 배고파하겠지만, 그것은 밥이 없어서 겪는 배고픔이 아니다. 사람들이 목말라 하겠지만, 그것은 물이 없어서 겪는 목마름이 아니다. 주의 말씀을 듣지 못하여서, 사람들이 굶주리고 목말라 할 것이다. 그때에는 사람들이 주의 말씀을 찾으려고 이 바다에서 저 바다로 헤매고, 북쪽에서 동쪽으로 떠돌아다녀도, 그 말씀을 찾지 못할 것이다."암 8:11-14 빵이 육체에 꼭 필요하듯이 하나님의 말씀 양식은 인간의 존재 전부를 위해 마찬가지로 필수적입니다.

인간은 육체만 있는 것이 아닙니다. 만약 우리가 존재 전부에 아무 양식도 공급하지 않고 이 살아있는 육체를 유지하고자 한다면, 모든 것이 시들어가고 육체도 그렇게 됩니다. 그러나 이 존재의 양식은 '나는 존재한다'라고 말할 수 있는 유일한 존재로부터만 얻을 수 있습니다.

오직 그 존재만이 시간과 공간의 어떤 한계도 초월하기 때문입니다. 어제는 똑같은 오늘이며 영원히 그러할 것입니다. 그 존재와 그 존재가 존재를 부여하여 '생령이 되었다'는 인간 사이에는 일치가 있습니다. 그래서 영혼이 숨쉬길 그칠 때 이 생령도 살기를 그치며, 기껏해야 아무 의미 없는 존재로 남아있게 됩니다. 예수가 그 유혹에 그렇게 답한 것은 신앙심이나 이데올로기에서 나온 것이 아닙니다. 그것은 태초부터 지금까지 모든 문명 속에 있는 인간에 대해 준엄하고도 보편적으로 표현한 것입니다. 예수는 아주 간단한 비유를 들어 그의 결단을 분명히 밝힙니다. "사람이 온 세상을 얻고도 제 존재를 잃으면, 무슨 이득이 있겠느냐? 또 사람이 제 존재를 되찾는 대가로 무엇을 내놓겠느냐?"마16:26 23 이것이 이 첫 번째 시험 속에서 우리에게 던져진 질문입니다.

그러니 어떻게 현재 우리 사회에 대해 생각해보지 않을 수 있겠습니까. 현재 사회는 기술 덕분에 생활의 장으로서 '세상'을 얻었지만, 현대인은 명백하게 그 존재를 상실했습니다. 현대인은 전 존재가 텅 비게 되었습니다. 욕망과 오락으로 가득 찬 공허로 말입니다.

권력

악마는 패배하지 않았습니다. 그는 곧 좀 더 교활한, 또 다른 제안을 내놓습니다. 그것 또한 유혹입니다. 여기서는 마태복음보다는 누가복음에 나오는 유혹들의 순서를 따라갈 것입니다. 그 순서가 더 일관성 있게 보이기 때문입니다. 악마는 그를 높은 데로 데리고 가서 (마태는 높

---

23 대부분의 번역서에서 '영혼'이라고 희미하게 번역해놓았습니다. 아주 뛰어난 그리스어 학자인 뻬르노(Pernot)의 훌륭한 번역을 참조하시기 바랍니다.

은 산이라고 했습니다), 한순간에 그에게 세상의 모든 왕국을 보여줍니다. 그리고 그에게 말합니다. "내가 이 모든 권세와 그 영광을 너에게 주겠다. 이것은 나에게 넘어온 것이니, 내가 주고 싶은 사람에게 준다. 그러므로 네가 내 앞에 엎드려 절하면, 이 모든 것을 너에게 주겠다." 예수는 악마에게 대답합니다. "성경에 기록하기를 '주 너희 하나님께 경배하고, 그분만을 섬겨라' 하였다."눅4:5-8 경제적인 유형의 유혹이 있고 나서 바로 정치적인 유혹이 등장합니다.

이 본문에서 나타나는 첫 번째 아주 강경한 주장은 정확히 정치의 본질에 관한 것입니다. 나는 이점을 이미 국가에 관한 연구 논문들에서 자주 언급했습니다. 악마의 선언은 아주 확고합니다. 이 땅의 모든 왕국에서의 정치적 권력과 정치적인 영광과 정치적인 영예, 이 모든 것은 악마에게 속한 것입니다. 그것은 분명히 아주 심각한 문제입니다. 이는 우리로 하여금 정부와 권력에 대해 다르게 생각하게 합니다. 그 모든 정치적인 것들이 다 사단에서 나오는 것이며, 그 모든 것이 다 악마에게 충성의 서약을 했으며, 그 모든 것이 다 악마에게 받아들여졌습니다. 이는 제도에 대해서도 사실이고 그 제도적 권력을 일정 기간 장악한 개인들에게도 마찬가지로 사실입니다. 아주 유명한 말을 소개합니다. "모든 권력은 부패한다. 절대적인 권력은 절대적으로 부패한다." 여기서 이 말은 우리에게 그 사실에 대한 하나의 설명이 되고 하나의 깊은 뿌리를 보여주는 것이 됩니다. 더욱이 그것은 상상조차 할 수 없는 신비는 아닙니다. 누가 권력을 행사하기 원합니까? 누가 정치적인 영광을 누리기 원합니까? 그는 이미 권력의 영에 사로잡혀 있는 사람이라는 것은 아주 분명합니다. 우리는 권력욕을 만족하게 하려고 정치를 합니다. 정치가 약속하는 공공의 이익을 위한다거나 인류애를 위해 헌신한다는 등등의 연설들은 권력 그 자체의 현실과 모든 정치가에 대해 눈 가리고 아웅 하는 것입니다. 이 성경 본문의 내용은 사실 굉장히 강경합니다. 이렇게 말하려면 권력의 영에 의해 사로잡혀야 할 뿐만 아니라 더욱이 이 권력을 나누어 줄 수 있는 자(악마와 유혹자)를 숭배해야만 하는 것입니다. 그리고 그 뒤에 있는 권력 그 자체를 숭배해야만 하는 것입니다. 그래서 주저 없이 다음과 같이 말할 수 있습니다. 정치적인 권력을 가진 모든 사람은, 권력을 선하게 사용하는 사람들이라 할지라도 ('악마도 역시 기분이 내키면 선을 행하기도 합니다'), 악마의 중재로 그 권력을 얻었고, 의식하지 못한다 할지라도 그들은 악마의 추종자들이 된 것입니다. 사단이 예수 자신에게 제안한 것이 이럴진대 다른 사람들이 예수보다 더한 것을 받지 않았으리라고 어떻게 믿을 수 있겠습니까! 그러나 권력에 대한 이 갈증은 탐욕의 또 다른 표현일 뿐이라는 것을 늘 기억하도록 합시다. 탐욕은 아담 이래로 인간의 모든 악과 모든 탐심의 요체입니다.

권력과 분열

그렇지만, 한 가지 의문점이 있습니다. 왜 사단은 예수에게 이 유혹을 던졌을까요? 이것 역시 우리에게 정치의 현실을 명확하게 밝혀줍니다. 사단은 분리시키는 자라고 얘기했었습니다. 하지만, 분명히 말하자면 그것이 좌파든 우파든, 파시즘이건 마르크스주의자건, 모든 정치를 특징짓는 것 아니겠습니까! 정치는 분열시킵니다. 정치는 국민을 서로서로 배척하게 하고 계층들을 서로서로 대적하게 합니다. 정치는 이론과 도그마를 세워서 장벽을 만들며, 화합할 것을 주장하면 할수록 더욱더 분열시키기만 합니다. 사람들은 정치나 정치 지도자가 없으면 서로 합의나 이해에 도달할 수 있게 됩니다. 그러나 정치가 개입되자마자 그들은 전투에 돌입하게 됩니다. 그러니까 권력을 제안하는 것은 악마라고 보는 것이 당연합니다.

선을 위한 권력

한 가지 어려움이 있습니다. 우리는 악마는 어떤 인격체나 특별한 개체가 아니고 인간이 가진 어떤 성향을 상징화한 것이라고 했습니다. 그런데 우리는 그 상징화한 것을 권력에 대한 갈망이나 권력의 영이나 탐욕의 영으로 묘사했습니다. 하지만, 예수의 인격 안에서 이 모든 것이 어떻게 자리를 잡을 수 있을까요? 달리 말하자면 어떻게 예수에게 권력에 대한 갈망과 이 땅의 왕국들을 정복하려는 '욕구'가 있었다고 믿을 수 있을까요? 무엇 때문에 그것이 그에게 실제 유혹이 되었을까요? 우리는 예수가 이스라엘에서 하나님의 계시를 널리 알리고 전 세계에 퍼지게 하려는 데서 그것이 유혹으로 다가왔다고 할 수 있습니다. 만일 그가 이 땅의 모든 왕국을 지배하는 권력을 가졌더라면, 계시된 진리를 모든 곳에 전하고 엄격하게 그것을 적용하게 하는 데 정말 편리하게 사용할 수 있었을 것입니다. 정치 권력을 복음을 위해 이용하여 선을 이루는 데 사용한다는 것이지요. 애석하게도 그것은 교회가 수 세기 동안 해온 것과 다릅니다. 이는 복음서의 간략한 몇 줄이라도 충분하게 묵상하지 않았기에 그렇습니다. 만약에 그랬었다면 콘스탄티누스 황제는 당시의 교회에는 계시된 진리를 전하려고 검을 든 수호자가 아니라 악마로 보였을 것입니다.

이 모든 말이 정확히 맞는 말이긴 하지만, 충분하지는 않습니다. 예수가 겪은 유혹은 좀 더 섬세하고, 좀 더 근본적이었습니다. 악마는 예수에게 하나님 아버지가 보낸 뜻을 곧장 이행하도록 제안했습니다. 아버지는 아들을 모두에게 복음을 전파하라고 보낸 것뿐만 아니라 지상에서 사람들 가운데 하나님의 임재와 권능을 증거 하라고 보냈습니다. 이는 하나님이 인간의 모든 권세를 주재하시는 것을 나타내기 위해서입니다. 모든 것을 초월한 저 높은 보좌에서뿐만 아니라 이 땅의 인간들 가운데서도 말입니다. 예수는 '주님'빌2:11으로 선포되기 위해 왔습니다. 달리 말하자면, 악마는 예수에게 하나님이 그를 보내신 뜻을 정확하게 이행하도록 제안한 것입니다. 그런데 예수는 거절합니다. 그는 이 권능을 성급하게 사용하고 싶어 하는 자신의 유혹을 거절한 것이고 그 권능을 취하여 스스로 사용하고자 하는 유혹을 거절한 것입니다.

그 거절은 (악마를 숭배하라는 말도 되지 않는 것을 제안하며 권력을 잡으라는 악마의 유혹을 받기 이전에 예수는 이미 그 권력을 하나님 아버지로부터만 받을 수 있다는 것을 알고 있습니다) 예수가 무엇보다 모든 율법과 모든 계시를 완성하기 위해 오셨다는 사실을 상기시켜준다고 여겨집니다. 고난을 당하는 종이요, 인간들과 함께하는 인간으로서 그는 이 땅에서 인간들을 넘어서는 왕이나 주님으로 군림하지 않았습니다. 그가 그것을 수락했다면, 그는 모든 예언을 성취하지 못했을 겁니다. 그래서 결과적으로 하나님이 아들에게 맡긴 사명을 완수하지 못했을 겁니다.

여기서 또 한 가지 '즉시'라는 유혹이 있습니다. 하나님의 계획을 즉시 성취하는 것은 사실 하나님의 자리에 서는 것임은 두말할 나위도 없습니다. 그렇지만, 그것은 그만큼 더 확실하고 훨씬 더 편리하지 않았을까 싶기도 합니다. 그의 사역을 표면상 실패로 마치고 나서 능력도 없고 그렇다고 아주 충성스럽지도 못한 사람들에게 진리의 짐을 짊어지게 하기보다는 그것이 더 확실한 것이 아닐까 싶습니다. 그건 불확실합니다. 구주라고요? 그렇다면, 어디에 그의 나라가 있습니까? 어떻게 그 나라를 볼 수 있습니까? 악마의 방법이 훨씬 더 확실하게 보장하는 것 같습니다. 그래서 바로 그렇게 할 때에 인간의 자유는 사라져 버립니다. 그러므로 예수는 정치적인 권력과 온 땅 위에 빠르게 수립되는 권세를 거절합니다.**24**

성경에 기록하기를

예수의 대답에서 나타나는 특징에 주목해보아야 합니다. 우선 그는 악마와 논쟁을 하지 않았습니다. 특히 예수는 악마가 지상의 모든 왕국의 주인임을 자처하는 게 사실이 아니라고 그에게 반박하지 않았습니다. 진정한 주인은 하나님입니다.

그래서 예수는 간접적으로 악마의 주장을 인정합니다. 예수에게는 악마가 자기가 원하는 자에게 정치적인 권력을 나눠주는 것이 사실입니다. 그는 대답으로 '성경에 기록하기를'이라 합니다. 첫 번째 유혹에 대해서도 예수는 '성경에 기록하기를'이라며 똑같은 답변, 똑같은 근거를 댑니다. 예수는 악마와 대면해서 성경**25**의 근거를 대는 것 이외에는 어떤 공격도 어떤 논박도 하지 않았습니다. 성경은 하나님 말씀이기 때

---

24 여기서 이슬람과의 전적인 단절이 있게 됩니다. 이슬람은 권력을 찾아 구하고 군사적인 정복 전쟁을 하며 그 정복을 통해서 자신의 진리를 강요합니다. 만약 악마가 이러한 권세를 마호메트에게 제안했었다면, 그는 냉큼 그 권력을 낚아챘을 것입니다.

25 예수의 이러한 태도는 마르시온 이래로 많은 기독교인이 따르던 한 신학 이론으로부터 우리를 벗어나게 합니다. 그 신학 이론은 마르시온의 주장에 따라 구약 성경을 완전히 배격하는 것입니다.

문에 그에게는 성경이면 충분한 것입니다. 사단의 약속에 대해 그는 하나님의 유일한 계시인 성경으로 대적합니다. 그는 성경을 도덕적인 토대로 삼은 것이 아닙니다. 그는 하나님의 계시된 말씀에 순종하는 것을 토대로 삼은 것입니다. 그 계시의 말씀은 이미 주어졌고 영원히 유효합니다. 그는 그 말씀을 그가 완성하러 온 히브리어 성경에서 얻어냅니다. 성경에는 기록되어 있습니다. "나는 폐하려고 온 것이 아니요, 완성하러 온 것이다." "성경의 한 획도 없어지지 않을 것이다." 이 성경의 무기만으로 충분합니다. 악마는 고집하지 않습니다. 악마의 유혹에 대한 참되고도 충분한 답변은 언제나 성경 속에서 발견될 것입니다. 그것을 성취하려면 여전히 단호해야만 합니다.

예수는 그래서 이 땅에 온 목적인 그의 사명을 거절합니다. 거기에 부과된 조건이 하나님의 말씀에 비추어 받아들일 수 없기 때문입니다. "주 너의 하나님께 경배하고, 그분만을 섬겨라.26" 아주 단순한 이 진리로 돌아와서 우리가 많은 다른 신들을 섬기고, 많은 다른 권세들의 종노릇을 하는 것을 깨닫는 것이 우리 시대에 얼마나 필요한지 모릅니다. '성경이 기록하기를', 필요한 말은 거기에 이미 다 있습니다.

종교

우리는 오름차 순서에 따라 세 번째 유혹을 보게 됩니다(이것은 누가복음의 차례이고, 마태복음에선 두 번째 유혹에 해당함). 이번에 악마는 전술을 바꿉니다. 예수가 성경 말씀으로 그를 대적하자 그도 역시 성경 말씀을 사용할 것입니다. 악마도 성경을 알고 있습니다. 그러므로

---

26 예수가 사단에 대적하는 모든 대답은 신명기에서 발췌한 것임을 알려둡니다.

우리는 조심해야 합니다. 우리가 성경을 사용하는 것조차 유혹하는 고리가 될 수 있습니다. 성경을 아는 것만으로, 성경을 알맞게 사용하는 것만으로, 우리에게 적합한 본문을 찾는 것만으론 충분치가 않습니다. 왜 예수는 이 본문에 순종하지 않을까요?

더욱이 사단은 성경본문을 이용하면서 예수가 하나님의 아들인 것을 은연중에 인정합니다. "하나님이 너를 위하여 명령을 내리실 것이다." 악마는 단지 그것을 증명하고, 확실한 방법으로 입증하라고 그에게 요구합니다. 그것은 처음에 "네가 하나님의 아들이라면"이라고 말한 것보다 진전된 것이지요. 물론, 복음서 안에서 마귀들이 예수를 하나님의 아들, 메시아로 알아보는 것이 이 경우가 유일한 것은 아닙니다. 하지만, 예수는 그들에게 입을 다물라고 명했습니다. 이제 여기서 유혹(이후로도 그가 자주 마주치게 될 유혹)은 계시된 말씀에 따라서 더욱 가혹해집니다.

그러면 우리는 우리가 진정한 크리스천이고 우리의 행동이 하나님의 뜻에 합당하다는 동의와 변명과 증거가 될 말씀들을 끄집어내고자 성경 본문들을 얼마나 많이 이용했던 건가요? 거기에 우리가 가지는 첫 번째 한계가 있습니다. 그것은 성경의 본문을 우리가 이용하는 것입니다. 다시 말하자면 우리는 말씀을 청종하고, 순종하는 대신에 계시의 말씀을 이용하여서 우리 자신을 정당화하고자 합니다. 우리가 이렇게 말씀을 이용할 때마다 우리는 확실히 유혹에 빠지게 됩니다. 그리고 논쟁을 하다가 논지의 근거를 대려고 성경 본문을 예로 드는 것도 마찬가지입니다. 성경은 처방 모음전도 아니고, 논쟁집도 아닙니다. 더욱 심각한 것은 사단이 예수와 아버지와 관계를 끊게 하려고 성경을 이용했다는 것입니다. 그 본문들은 확실히 성경에서 가져온 것으로 분명히 거기에 있습니다. 그래서요? 여기서 우리가 방금 살펴본 성경 본문을 이용하는 문제 다음으로 해석의 문제가 시작됩니다. 커다란 원칙은 어떤 구문도, 어떤 구절도, 어떤 선언도 그 자체만으로는 유효하지 않습니다. 하나님 계시의 전체적인 맥락에서 성경 구문을 따로 떼어놓는 것은 그 구문을 불가피하게 왜곡하게 됩니다. 여기서 피해야 할 이중의 분리가 있습니다. 우선, 이것은 아주 고전적이지만, 성경 본문과 그 맥락에서 한 구절 또는 한 문장을 따로 떼어놓는 것입니다. 그래서 성경으로 어떤 말이든 할 수 있게 한다는 말이 종종 나오는 것은 그 전체적인 맥락에서 딱 한 문장을 따로 떼어놓는 경우입니다. 여기 더욱 심각한 또 다른 분리의 예가 있습니다. 성경 전체에 나와 있는 하나님에 관한, 하나님에 의한 계시의 전체 맥락으로부터 성경의 한 본문(이 본문 또한 항상 하나님의 계시와 하나님의 활동을 근거로 댐)을 분리하는 것입니다. 달리 말해서 그 성경 본문이 이스라엘과 함께 하는 역사 안에서와 예수 그리스도 안에서 행하는 하나님 활동의 모든 맥락에 맞아야 한다는 것입니다. 이제 그와 같이 성경 본문의 해석에 대해 아주 상세하고 엄격한 한계 기준이 설정됩니다. 각각의 본문은 다른 본문들의 전체적인 맥락과 하나님에 대한 우리의 지식을 기준으로 해서 이해되고 수용되는 것입니다. 그것은 '믿음의 정도'selon l' analogie de la foi 27에 따른 해석입니다.

여기서 악마는 성경에 나오는 하나님의 아들과 관련된 본문을 취합니다. 그러나 악마는 메시아인 아들을 향한 하나님의 사랑을 확증하는 기적이 될 것을 일종의 전시성 기적, 마술 같은 기적으로 만들어서

---

27 [역주] 사도 바울은 이 표현을 로마서 12장 6절에서 사용하는데, 이와 비슷한 '믿음의 분량에 따른 Selon la mesure de foi '이라는 표현이 로마서 12장 3절에 나온다.

그 의미를 완전히 왜곡합니다. 그러나 그것은 언제나 예수가 거절하는 바로 그런 종류의 기적입니다. 그가 만일 그 예언을 자기 임의대로 자신의 유익을 위해서 실행한다면 그것은 아버지의 뜻을 행하는 것이 결코 아닙니다. 사단이 요구하는 것은 예수가 정말 하나님의 아들임을 증거 하는 기적입니다. 그렇지만, 예수는 죄인들을 용서하기 위해 왔습니다. '관중을 깜짝 놀라게 하려고' 온 것이 아닙니다. 그는 자신이 행하는 일에 대해 믿음만을 요청할 뿐입니다("보지 않고 믿는 자는 복이 있도다"). 그리고 하나님 아버지와의 관계가 사랑과 믿음의 관계라면, 아들과의 관계 역시 반드시 그렇습니다. 거기엔 증거가 필요 없습니다.**28** 더욱이 사랑에 반대하는 악마에게 증거를 줄 요량은 더더욱 없습니다. 그러나 사단이 요구하는 것 역시, 순전한 능력의 기적입니다. 높은 데서 뛰어내려도 다치지 않는 것과 같이 말입니다. 예수는 자신을 증거 하거나 자신을 믿게 하기 위한 기적을 거부할 뿐만 아니라 권능을 드러내는 기적도 행하기를 거부합니다. 다만, 사랑을 위해서는 예외적으로 권능을 사용합니다. 전적으로 배격하는 것은 마술이나 요술 같은 기적입니다. 예수는 결코 친구들 머리 위로 장미꽃잎을 흩날리게 하지는 않을 것입니다. 그러나 그는 두려움에 사로잡힌 제자들을 안심시키기 위해서 폭풍우를 잠잠하게 하고, 귀신들려 비참한 사람에게서 귀신들을 내쫓아 주고, 죽음에서 어린아이를 구해줍니다.

---

28 과학과 역사와 철학 등등으로 계시를 증명하고자 하는 모든 사람은 이 사실을 유념해야 할 것입니다. 기적에 의한 증거들을 받아들일 수 없는 것과 같이 그 호교론적인 증거들도 마찬가지로 받아들일 수 없습니다. 그것은 유대인들과의 관계에서 무척 중요한 요인입니다. 유대인들은 말합니다. "예수는 메시아가 아니다. 그 증거는 새 하늘이 임하지 않았다는 것이다." 정확하게 말해서, 이 반증의 증거는 악마가 요구하는 증거보다 나은 게 없습니다.

표적

우리는 모두 기적이 성경의 희랍어 원어로는 표적Semeion이라는 것을 압니다. 지정된 표적이라는 것이지요. 기적은 결코 기적 그 자체를 위해 행해지지 않습니다. 기적은 '길 안내 푯말'입니다. 기적 자체를 바라보아서는 안 됩니다. 기적이 가리키는 방향을 보고, 기적이 보여주고자 하는 실상을 바라보아야 합니다.**29** 달리 말하자면, 사단은 예수가 아버지로부터 부름을 받고 이 땅 위에서 실현하려고 온 목적과는 정반대되는 것을 예수에게 요구합니다. 이러한 상황 속에서 예수는 증거를 보여주지 않은 채 악마와의 대화를 단절하는 것입니다.

하나님을 시험하라.

이제 예수의 응답을 살펴보아야 합니다. 그 응답 역시 성경으로부터 끌어낸 것입니다. "너는 너희 하나님 여호와를 시험하지 말라." 예수는 이 말씀을 사단에게 "너는 나를 시험하지 마라"라는 뜻으로 사용하지 않았습니다. 그래서 자신이 하나님의 아들임을 주장하지 않았습니다. 또한, 예수는 "너는 하나님을 시험하고 있다"라고도 하지 않았습니다. 예수의 대답은 그런 뜻이 아니라, "나 예수가 네가 나에게 요구하는 대로 행한다면 내가 하나님을 시험하는 것이 된다"라는 말입니다. "이는 내가 하나님을 시험하여 내가 하나님의 아들임이 분명히 드러나게 하도록 하나님을 강요하는 것이 된다. 또한, 하나님이 약속하신 언약들이 이루어지도록 내가 하나님을 강요한 것이 된다. 사람이 하나님을 신뢰할 수 있는지 아닌지, 하나님이 자신의 언약을 성취하는지 아닌지 내가

---

29 마이요A. MAILLOT의 예수의 기적에 관한 훌륭한 소책자를 보십시오.

하나님을 시험하여 알아내려는 것이다. 내가 성전 꼭대기에서 뛰어내리면 하나님에게 일종의 도전을 하는 것이다. 욥이 하나님에게 반박하는 것이 옳고, 하나님에 반해 자신이 의로움을 하나님이 인정하도록 요구하는 것이 맞고, 따라서 그 모든 항변이 예수 편에서 보면 믿음에서 나온 말들이라고 할지라도, 바로 예수가 하나님의 아들인 까닭에 그 모든 말들은 의심을 드러내는 말들이 되어버린다. 나에게 의심하는 마음이 있기 때문에 나도 그 말씀들이 나를 위해 한 말이라는 증거를 갖기 원하는 것이다."

이는 인간이 경험하는 모든 시험은 먼저 하나님 자신이 겪는다는 사실을 상기시킵니다. 욥의 서언에서와같이 말입니다. 내 육신과 내 마음과 내 생각에서 느끼는 이 시험은 하나님을 향한 것입니다. 마치 내 존재 전부를 의심하는 것과 같이 말이죠. 하지만, 자신의 존재를 의심하는 일이 일어날 때마다 시험은 결국 하나님을 향합니다. 사람에게 하나님이 없으면 하나님에게도 사람이 없습니다. 사람을 시험하는 것은 하나님이 아닙니다. 하나님을 시험하는 것은 사람입니다. 수도 없이 다양한 방법으로 말이죠.

사람들이 성령의 영감을 받지 않은 기도를 하는 것은 하나님을 시험하는 것입니다. 또한, 의심하는 것, 예수 그리스도 이외의 다른 중재자들을 찾는 것, 하나님의 능력을 시험해 보려는 것(1925년의 콤소몰 komsomol 30에서의 두 화단 이야기), 병의 원인을 자신에게서 찾아보지 않고 영적인 교훈을 얻으려 하지 않은 채 치료의 기적만을 구하는 것, 다른 수단들을 강구하며 온갖 노력을 하지 않은 채 하나님이 어떻게 해주실

---

30 [역주] 1981년에 창설된 소비에트연방 공산당 산하 청년공산주의자협회의 이름.

것만을 기다리는 것, 종교의식들과 예식들과 예전들로서 하나님을 구속하려는 것 등등은 다 하나님을 시험하는 것이죠. 이런 인간의 태도를 어떻게 규정지을 수 있을까요? 물론 이 하나님을 향한 모든 헌신과 교제를 드리는 가운데 자신이 하나님을 시험하고 있다는 것을 알 수 있는 사람은 없을 것입니다. 하지만, 그것들은 사단이 예수에게 요구하는 기적과 같은 것으로 종교적인 행위들입니다. 그것은 하나님의 말씀을 성취하고 하나님을 전적으로 신뢰하는 증거이기 때문에 예수 처지에서는 하나의 종교적인 행위입니다. 예수가 밑에 떨어져 박살이 나지 않을 것을 확신하며 성전 꼭대기에서 뛰어내렸다면 하나님 아버지를 그만큼 신뢰했기 때문일 것입니다. 그보다 더 나은 것이 있을까요? 그보다 더한 종교적인 행위가 있을까요? 그 시험과 유혹의 종교적인 성격을 확실하게 보여주는 것은 사단이 예수를 성전 꼭대기로 이끌어 갔다는 것으로 그 장소 자체가 종교적입니다. 종교는 아브라함과 예수의 하나님과 단절되는 지고의 장소입니다.[31]

이제까지 인간이 겪을 수 있는 근본적인 세 가지 유혹들을 살펴보았습니다. 경제적인 유혹과 정치적인 유혹과 종교적 이념적 유혹이 그것들입니다. 인간은 그 세 가지 영역에서 자신의 능력과 자유와 영예를 나타내기를 원합니다.

---

31 나는 유대교와 기독교는 종교가 아님을 종종 밝혀 왔습니다.

II. 구체적인 유혹들의 공격

예수는 전 생애를 통해서 많은 유혹을 겪었다는 사실은 이미 언급했습니다. 이제 복음서들은 그 사실에 대해 어떻게 증언하는지 살펴보려고 합니다. 먼저 우리 자신이 겪고 있어서 우리 모두에게 관련되는, 가장 흔한 유혹들부터 시작하려고 합니다만, 이는 많은 독자가 충격을 받을 수 있는 내용이 될 것입니다.

재물과 부

예수는 돈이나 물질적인 부의 유혹을 받지 않았을까요? 예수의 삶을 알기에 우리는 곧장 그 질문에 대해 부정적인 답을 내놓게 되지요. 그렇지만, 예수는 "모든 면에서" 유혹을 받았다고 성경은 증언합니다. 적어도 한 가지 예를 부자 청년의 비유에서 보게 됩니다. 그 이야기의 끝 부분의 내용입니다. "부자는 하늘나라에 들어가기가 어렵다. 부자가 하나님의 나라에 들어가는 것보다 낙타가 바늘귀로 지나가는 것이 더 쉽다." 이에 제자들은 매우 놀라서 다음의 질문을 던집니다. "그러면 누가 구원을 받을 수 있겠습니까?" 이 질문을 던진 제자들 자신들의 가난한 처지를 염두에 두고 보면 참 재미있는 질문이 아닙니까? 그 질문에 대한 답변은 그들과는 상관이 없으니 말입니다. 예수는 답변합니다. "사람으로서는 할 수 없다." 모든 사람에게 불가능한 일이라는 말씀입니다. 모든 사람은 어떤 면에서 보면 다 부자입니다. 그렇다면, 예수는 어떻습니까? 예수는 사람이 아닙니까? 예수는 우리 각자와 같이 완전한 사람입니다. 따라서 예수는 우리와 마찬가지로 부의 유혹을 겪었습니다. 물질적으로 가진 것이 거의 없고 물질적인 문제에 전혀 관심을 두지 않았다 하더라도 실제로는 예수도 때때로 부를 얻고 싶은 욕망을 가졌을 수 있습니다.

예수 주위의 여인들이 등장하는 누가복음의 본문에 보면 아주 애매하면서 간단하게 이에 대한 언급이 나옵니다. "그들은 자기들의 재산으로 예수의 일행을 섬겼다."눅8:3 그 여인들은 수산나와 막달라 마리아였습니다. 막달라 마리아는 몸을 파는 창녀였기에 "지극히 비싼 향유"를 가진 부자였음이 틀림없습니다. 이 말을 할 때 우리는 불현듯 거리에서 손님을 끄는 가난한 여자들을 떠올리게 됩니다. 그러나 당시 로마 제국에서 창녀들은 일반적으로 좋은 형편이었고 많은 돈을 벌었습니다. 바꾸어 말하면 예수와 제자들은 부자들, 특히 여인들이 낸 후원금으로 생계를 대부분 충당했습니다. 예수가 재물의 유혹을 받았다고는 말할 수 없어도 그 혜택을 누렸던 것은 사실입니다. 그 사실이 충격적으로 받아들여질 수도 있겠지요. 게다가, 예수가 맘몬의 세력과 마주치지 않았더라면, 재물에 대한 공격을 그렇게 격하게 하지 않았을 것입니다. 재물에 대해 저항할 수 없는 유혹을 느끼지 않았더라면 예수는 재물을 그렇게 인격화하지 않았을 것이고 재물과 하나님이 절대적으로 양립할 수 없다고 말씀하지 않았을 것입니다. 예수는 부자가 되려고 원하지도 않았고 그 목적으로 어떤 노력도 하지 않았습니다. 하지만, 예수는 재물이라는 원수에 대해 경계하였습니다. 그 점이 이미 재물의 유혹을 받았던 것을 나타내고 있습니다.

성적 유혹

이제 사람이 항상 겪는 또 다른 가장 큰 유혹인 성적 유혹을 돌아봅니다. 사람들은 예수를 무성적으로 받아들여서 그 문제의 소지 자체를 없애 버렸습니다. 사람들은 성적인 범죄의 무서운 특성을 아주 강조하곤 합니다. 예수는 그런 유혹조차 느꼈을 수 없다고들 합니다. 복음서에서 그 주제에 대해서 아주 작은 암시라도 줄 단서는 거의 찾을 수 없습니다. 사람들은 차라리 더 심각한 '커다란 유혹들'을 주장합니다. 예수가 자신의 권능을 사용하고 싶은 유혹을 받았을 수 있다고 주장하면 누구도 놀라지 않습니다. 그러나 예수가 성적으로 유혹을 느꼈을 수 있다고 말하면 좋지 않은 소문이 일어납니다. 물론 막달라 마리아가 나오는 본문들을 가지고 그녀가 예수의 정부였다고 결론을 내리는 저자들같이 단순화시키면 안 되겠죠. '사랑하시는 그 제자'라는 표현 때문에 예수를 동성애자라고 볼 수 없듯이 말입니다. 하지만, 모든 면에서 유혹을 겪은 예수가 성적인 유혹도 받았는데 그 유혹을 다 버리고 오직 아버지께 헌신했다고 말할 수는 있지 않을까요? 나는 P.-J. 뤼프P.-J. Ruff의 막달라 마리아에 대한 연구논문32을 좋아합니다. 그는 막달라 마리아가 총애를 받은 동료요 협력자였다고 주장합니다. "예수의 전 생애를 통해서 그녀는 사랑의 상징이다. 그 사랑은 신비하거나 정신적인 사랑인가? 아니면 보다 구체적이고 육화된 사랑인가? 예수와 막달라 마리아의 관계의 중요성은 예수의 인간성의 깊이를 인식하게 되는 데 있지 않을까…." 어쨌든 예수가 부활하고 나서 제일 먼저 찾아온 것은 막달라 마리아이지 않습니까? 그녀는 사도들의 그룹에 속하지 않았다고 말합니다. 그러나 부활하신 그리스도는 그녀를 부활이라는 최고의 복음을 제자들에게 전하게 하여 첫 번째 복음전도자로 세우셨죠.

---

32 P.-J. 뤼프P.-J. Ruff, "막달라 마리아 Marie-Madeleine", in 『복음과 자유 Evangile et Liberté』, 1989.

이 문제를 제기하면서 나는 스콜세즈가 만든 영화에 대해 몇 마디 하지 않을 수 없습니다. 내가 보기에 수준보다 너무나 유명세를 탄 그 영화는 삼류 영화에 지나지 않는 것으로 그렇게 커다란 논쟁거리가 될 가치가 없습니다. 논쟁을 벌인 찬반 양 진영 다 틀렸다는 것이 나의 판단입니다. 그 영화는 구체적으로 무엇을 말하는 것입니까? 십자가에 못 박힌 예수가 자신의 생애와는 다른 생애를 꿈꾼다는 것입니다.

그 꿈은 평범한 생애를 담고 있습니다. 막달라 마리아와 결혼해서 두 아이를 두고 평화롭게 살면서 별 탈 없이 곱게 늙어가는 것이죠. 하지만, 꿈에 불과한 것을 지나치게 길게 묘사하고 나서 화면은 다시 십자가에 달린 예수로 돌아옵니다. 아주 독실한 전통적인 기독교인들은 분개했습니다. 그들에게 예수는 하나님 아버지께 순종하고 율법을 완성하는 것 이외에 어떤 다른 뜻도 가질 수 없는, 영원히 신실한 하나님의 아들로서 초자연적이고 완전한 존재이므로 꿈도 꿀 수 없고 유혹도 받을 수 없는 존재입니다. 예수는 완전무구하게 정결합니다. 무엇으로부터 정결하다는 말입니까? 구체적으로는 모든 인간성에서 벗어난 정결함을 말하지요. 그 사람들은 미켈란젤로가 시스틴 성당에 프레스코 벽화로 그리스도의 완전한 나신을 그렸을 때 격렬하게 분개했던 사람들을 상기시키는군요. 그래서 어떤 화가가 부끄러운 부분을 가리려고 헝겊 조각을 그려 넣어야 했지요. 그런 사람들은 아버지께 "이 쓴잔"을 피하게 해달라고 애원하시던 예수, 죽음 앞에 두려움으로 떠시던 예수, 왜 자신을 버렸느냐고 물으시던 예수는 잊어버리기라도 한 것인가요? 그 기독교인들에게 예수는 육체와는 상관없는 완전히 영적인 존재일 뿐입니다. 한 번 사단에게 유혹을 당한 적은 있습니다. 그리고 그 후에는 모든 유혹이 없어졌다는 것입니다. 그러나 그들을 진정시킨 그 그림이 유혹에서 비롯되었을 수 있다는 사실을 그들은 알지 못한단 말입니까? 그래서 나는 그 정통적인 기독교인들의 판단을 배제합니다. 그것은 실제로는 예수의 두 가지 본성을 부정하는 것이기 때문이지요.

그러나 그 영화를 옹호한 진영도 똑같이 틀렸다고 봅니다. 예술가의 창작 자유에 대해서 많이들 말했지요. 그렇다고 예술가라고 바보 같은 것을 말하거나 보여주지는 말아야 합니다.33 어떤 사람들은 평화롭게 고이 늙어가는, 단순하고 평범한 인간성을 지닌 예수를 옹호합니다. 그것은 정말 부질없는 얘기로 예수는 실제로 십자가형을 당하지 않았으며 다른 사람이 대신해주었거나 환상이거나 착오에 지나지 않았다는 말도 되지 않는 얘기들과 같은 부류입니다. 그런 얘기는 코란에서도 보게 되지요. 실제는 더 깊은 내용이 있어 보입니다. 예수가 인간적인 너무나 인간적인, 인간성의 유혹을 경험했다면, 아니 틀림없이 경험했을 터인데, 한때 가정을 꾸리고 아이들을 기르고 평화로운 삶을 보내고픈 유혹을 왜 받지 않았겠습니까? 하지만, 복음서 어디에서도 그런 흔적을 찾아볼 수 없습니다. 그건 단지 가정에 불과합니다. 실제 그랬다 하더라도 그 유혹은 잠시 잠깐 지나가는 것에 지나지 않았을 것입니다. 내가 보기에는 예수가 막달라 마리아를 사랑했을 수 있는데 하나님이 맡긴 사역에 철저히 헌신하기 위해서 그 사랑을 물리친 것 같습니다.

하나님의 아들

이제 우리는 예수 주변에서, 모든 사람이 끊임없이 시도했던 유혹에

---

33 그래도 선택한 주제와 예술적 창작 사이에 어떤 일관성이 있어야 하겠지요. 그런데 복음서들의 내용과 그 영화 사이에 아무런 일관성이 없으니 예술 작품이라 할 수가 없습니다.

대해 살펴보려고 합니다. 사람들은 때로는 사랑과 감사의 마음에서, 때로는 경멸과 악의로 예수를 시험하였습니다. 그 유혹은 예수의 실제 본성에 결부된 것이기에 더욱 중대하고 핵심적입니다. 그 유혹에 대해 사도 바울은 빌립보서의 저 유명한 구절에 나오는 한 단어로 잘 지적했습니다. 예수는 '하나님과 [같이]' 동등으로 여기지 않았습니다. 그 유혹은 뱀이 아담에게 약속한 '하나님과 같이' 되리라는 유혹과 똑같습니다. 그것이 예수가 겪은 유혹이라는 걸 어떻게 알 수 있을까요? 그런 문제를 줬을 때마다 예수가 단호하게 응답한 사실만으로도 알 수 있습니다.

우리가 이미 언급한 내용을 여기서 다시 살펴봅니다. 한 사람이 달려와서 예수 앞에 무릎을 꿇으며 '선하신 선생님이여'하고 부릅니다. 그러자 예수는 대답합니다. "왜 나를 선하다 하느냐? 선한 분은 오직 하나님 한 분뿐이시다." 예수는 하나님에게 속한 속성을 자신에게 돌리는 것을 거부하였습니다. 예수는 하나님과 경쟁하는 것과 자신이 신성을 가졌다는 걸 거부했습니다. 하나님을 향한 이 분명하고 단호한 결단은 예수가 선한 선생님이라고 불릴만하다고 여겨집니다. 그러나 그 사람이 예수를 그렇게 부를 때에 자신은 거기에 어떤 뜻이 있는지 알 수 없었습니다. 하지만, 예수는 즉시 그 호칭이 하나님의 주권을 침범한다는 것을 느꼈습니다. 하나님은 유일하신 분입니다. 예수는 그 사실을 여러 번 언급합니다. 예수가 하나님의 유일성을 깨뜨린다는 것은 말도 안 됩니다.

그러나 거대한 문제가 뒤를 잇게 됩니다. 예수가 하나님의 아들이라고 알려지는 것을 막으려고 애쓴 사실은 다 알려졌습니다. 예수는 '사람의 아들'이라는 호칭만을 사용했습니다. 물론 요한복음에서 예수는 아버지의 아들임을 선언합니다. "유대인들이 예수를 죽이고자 하니 이는 하나님을 자기의 친아버지라 하여 자기를 하나님과 동등으로 삼으심이러라." 그러나 이에 대해 예수는 두 가지로 대답합니다. "아들이 아버지께서 하시는 일을 보지 않고는 아무것도 스스로 할 수 없나니 아버지께서 행하시는 그것을 아들도 그와 같이 행하느니라."요5:19s 그는 자신을 철저하게 아버지께 종속시킵니다. 또 다른 대답은 아이러니합니다. 유대인들은 그를 돌로 치려 하면서 그 이유를 "신성 모독으로 인함이니 네가 사람이 되어 자칭 하나님이라 함이로라"라고 합니다.요10:33s 이에 대한 예수의 대답은 다음과 같습니다. "율법에 기록된바 내가 너희를 신이라 하였노라 하지 아니하였느냐? 성경은 폐하지 못하나니 하나님의 말씀을 받은 사람들을 신이라 하셨거든 하물며 아버지께서 거룩하게 하사 세상에 보내신 자가 나는 하나님의 아들이라 하는 것으로 너희가 어찌 신성모독이라 하느냐?" 달리 말하자면 예수는 하나님의 말씀을 받은 다른 사람들과 구별되는 특별한 하나님의 아들이라고 주장하지 않습니다. 예수를 비난하고 율법을 존중하는 유대인들은 예수가 말하는 하나님과의 '부자관계'가 무엇을 뜻하는지 틀림없이 이해했습니다. 예수는 하나님 말씀의 담지자입니다. 그런데 그 말씀을 아주 철저하고 완전하게 받아들여서 그 말씀이 예수 안에서 육화하게 됩니다. 아버지께 순종하면서 예수가 자신이 어떤 존재인지 알아가게 되는 것은 오직 하나님의 말씀으로 말미암은 것입니다. 그래서 예수는 스스로 하나님의 아들임을 확신하면서 그 질문에 대해 대답하는 것은 거절하는 것입니다.

가야바 앞에서 예수는 말합니다. "내가 너로 살아계신 하나님께 맹세하게 하노니 네가 하나님의 아들 그리스도인지 우리에게 말하라. 예수께서 이르시되 네가 말하였느니라. 이후에 인자가 권능의 우편에 앉아 있는 것을 보리라…."마26:63-64 **34** 새로운 아담은 시험을 이기고 하나님의 영광을 도둑질하지 않습니다. 유혹은 여러 가지 상황 가운데 사방에서 찾아왔을 것입니다. 그 뿌리인 탐욕과 권력욕이 인간인 자신의 내면에 있음을 보시고 예수는 그 뿌리를 뽑아낼 수 있었습니다.

군중의 요구에 따르고 싶은 유혹은 계속해서 찾아옵니다. 기세가 오른 시몬과 그 동료가 예수에게 다가와서 "모든 사람이 주를 찾나이다"라고 전합니다. 예수는 "다른 곳으로 가자"라고 대답합니다.막1:37 "예수께서 무리가 자기를 에워싸는 것을 보시고 건너편으로 가기를 명하시니라.",그래서 예수는 바로 이 영광의 순간을 택하여 제자들에게 인자는 머리 둘 곳이 없음을 전합니다.마8:18 성경 말씀들을 잘 살펴보면 예수가 수많은 군중을 맞이할 때는 병자들이나 가난한 사람들일 때 국한된 것을 알 수 있습니다. 군중이 그가 기적을 행하는지 보고자 호기심에 그를 찾아오거나 그를 높이려고 찾으면 예수는 즉시 그 자리를 피합니다. 사람들이 자기를 임금으로 삼으려고 온다는 사실을 듣고서 곧바로 예수는 그 자리를 벗어납니다.요6:15 달리 말하면 군중이 부여하는 명예와 권세와 성공과 영광의 유혹을 예수는 물리치신 것입니다. 그의 명성은 점점 더 널리 퍼져가고 사람들은 그의 말씀을 들으러 찾아옵니다. 그러자 예수는 사막으로 물러가서는 기도했습니다. 아마도 그런 유

---

34 이 본문은 하나의 문제를 제기합니다. 마가복음에서 예수는 가야바의 질문에 "내가 그니라."라고 대답합니다. 마태복음보다 시간상으로 더 앞선 것으로 알려진 마가복음이 이런 긍정적인 대답을 기록하는 것이 흥미롭습니다. 마태복음은 한발 물러선 기조를 유지합니다. 이는 예수가 자신의 지상 사역 기간에 취하였던 태도와도 일치합니다.

혹을 이기기 위해서였겠지요. 예수가 오늘날 온다면 대중 미디어를 이용하는 것을 당연히 피했을 것입니다.

예수가 예루살렘에 입성할 때에 손뼉 치고 환영한 군중에 대해서 예수는 어떤 잘못된 기대도 하지 않았습니다. 스스로 예수는 왕권을 풍자했습니다.

군마35 대신에 어린 새끼 당나귀를 가져오게 하였고, 월계관 대신에 들판에서 꺾어온 나뭇가지들로 만족하였고, 군중의 환호를 마주하면서 통곡하였습니다.눅19:34-41 그는 그런 영광과 명성의 실제 가치가 어떤 것인지에 대해 어떤 환상도 가지지 않았습니다. 그는 그것이 자신을 죽음으로 몰고 가게 될 것을 알고 있었던 것입니다.

예수의 자기 확신

자기 영광의 유혹은 항상 자기 확신의 문제를 제기합니다. 물론 우리는 예수가 하나님의 아들이라 하지 않고 늘 인자라 자기 자신을 호칭한 것을 알고 있습니다. 그 사실은 그가 하나님의 아들이라는 증거가 아니라 그런 유혹을 물리쳤다는 증거가 됩니다. 이와 다른 경우들은 좀 미묘합니다. 그를 다윗의 자손으로 환호할 때 그 호칭을 부정하지도 않지만 받아들이지도 않습니다.마22:41ss 그렇게 예수는 자신에게 던져진 문제를 피해 갑니다. 그것은 자신을 스스로 드러나게 할 수 있는 유혹을 능숙한 대답으로 제어한 것과 같습니다. 종려 주일에 그를 환영하는 군중이 다윗의 자손이라고 부르는 것을 막지 않는 것을 바리새인들이 비

---

35 어떤 역사학자들은 예수가 군마를 탔다는 가설을 제시하고 있습니다. 하지만 '어린 새끼 당나귀'라는 말이 그 가설을 부인합니다.

난할 때에 그는 대답합니다. "어린 아기와 젖먹이들의 입에서 나오는 찬미를 온전하게 하셨나이다 함을 너희가 읽어본 일이 없느냐…"마21:16 조금 더 시간이 흐르고 예수는 이전에 종종 그랬던 것처럼 대적들에 그들이 풀 수 없는 난제를 던짐으로 그 상황을 벗어납니다. "그러면 다윗이 성령에 감동하여 어찌 그리스도를 주라 칭하여…. 다윗이 그리스도를 주라 칭하였는즉 어찌 그의 자손이 되겠느냐?"마22:41ss 그리스도가 다윗의 자손으로 임한다는 것을 아는 예수는 마음속 깊이 자신이 누구인지 알고 있었습니다. 예수는 그 사실을 군중 앞에서 공표하고 선포하고 선언하는 것을 거부하였습니다. 그것은 그가 사람들에게 권면한 것을 스스로 실천한 것입니다. "사람들 앞에서 너희의 의를 보이는 것을 삼가라…. 기도할 때 사람들이 알아볼 수 있도록 공중 앞에서 하지 마라…. 오른손이 하는 것을 왼손이 모르게 하라…." 그렇게 예수는 자신의 가장 깊은 본성에 대해 침묵한 것입니다. 이는 예수가 자신의 신성과 그리스도임을 숨기기 원한 것이라기보다 그 사실을 공표함으로 인해서 파생될, 필연적으로 사람들을 지배하고자 하는 유혹에 넘어가지 않았다는 뜻입니다.

심판

예수가 권력의 유혹을 물리치는 또 다른 특별한 경우들을 볼 수 있습니다. 예를 들자면 심판에 관한 경우입니다. "나는 심판하러 온 것이 아니다"라고 예수는 단적으로 말합니다. 알곡과 가라지라는 유명한 비유를 통해서 권력의 유혹을 물리치는 근본적인 이유를 밝힙니다. 추수 때까지는 가라지를 뽑지 말아야 합니다. 너무 일찍 심판하게 되면 곡식이 충분히 익을 수 없게 되기 때문입니다. 때 이른 심판으로 곡식조차 뽑혀버리게 될 것입니다. 그러므로 심판하지 말라는 것입니다. 사람의 어떤 성향이나 행동을 서둘러서 정죄하지 말라는 것입니다. 사람에게는 변화의 가능성이 있으며 우리가 알 수 없는 감춰진 미래가 있습니다. 만약 지금 사람을 심판한다면 그것을 파괴하게 됩니다. 우리는 어떤 특정한 행동을 인지하여 심판할 수 있습니다. 심각한 문제는 바로 거기서 추론하여 우리는 늘 사람에 대해서 심판하게 된다는 점입니다. "그는 도둑질했으니 도둑놈이다." 바로 여기에 넘지 말아야 할 선이 있습니다. 하나님만이 사람을 심판할 수 있으며 인간은 어떤 특정한 행동을 심판할 수 있을 뿐입니다. 나는 기독교인은 어떤 행동조차 (용서한다거나) 심판하지 말아야 하며, 죄에 빠진 사람을 거기서 벗어나게 하여 다시는 죄를 범하지 않도록 도와야 한다고 생각합니다. 기독교인이 아닌 사람으로서 판사는 어떤 행위를 심판할 수 있으며 또 때로는 심판하여 정죄하여야만 할 것입니다. 그러나 아무리 상습적인 범행이라 할지라도 심판의 그 선을 넘어서는 안 될 것입니다. 또한, 기독교인은 어떤 행동을 저질러서 사회에 의해 정죄 받은 사람을 갱생시키는데 함께 해야 할 것입니다. 인격적으로 상하지 않게 하면서 인간으로서의 존엄성을 회복하게 해야 합니다.

예수는 작은 문제도 심판하기를 거절했습니다. 한 사람이 예수가 선포한 정의의 관점에 신뢰하여 유산에 관해 자신의 형제와 분쟁이 있는 것을 판결해주기를 구하였습니다. 예수는 다음과 같이 거절합니다. "누가 나를 당신의 재판관으로 세우셔서 당신들의 상속분을 정하게 했는가?" 예수는 민사 담당 판사가 아닙니다. 예수 안에 실현된 하나님의 정의와 사법적인 정의를 혼동하지 말아야 합니다. 예수의 사역과 생애와 말씀과 죽음은 법적인 것과 상관이 없습니다.36 예수는 자신이 심판자나 최고의 주권자라는 것은 받아들이지 않지만 탄원한 사람에게 근본적인 조언을 합니다. "탐심을 삼가라." 사실 그 말이면 충분합니다. 탄원자가 탐심을 삼가게 되면 유산 상속에서 지나친 요구를 하지도 않을 것이고 다른 형제가 바라는 요구 사항들을 쉽게 들어주고 자기 권리를 주장하지 않으므로 유산 상속은 어려움 없이 진행되어 소송을 벌일 일도 없을 것입니다.

이처럼 예수는 아주 심각한 상황에서도 판단하거나 정죄하는 것을 용납하지 않습니다. 예수 일행을 받아들이지 않는 사마리아의 한 마을에 대한 심판 문제를 기록한 누가복음의 이야기도 그런 경우입니다.눅 9:51-56 제자들은 화가 나서 적대적이고 불손한 이 마을 사람들을 정죄하고 싶어서 예수에게 청합니다. "우리가 불을 명하여 하늘로부터 내려 저들을 멸하라 하기를 원하시나이까?" 제자들은 자신들이 그렇게 할 수 있다고 믿어 의심하지 않았습니다. 다만, 먼저 주님의 허락을 구한 것입니다. 예수는 아주 단호하게 대답합니다. "너희는 어떤 영이 너희를 사로잡고 있는지 모르는구나." 제자들이 무지하다는 말씀이죠. 제자들은 하늘에서 불을 내릴 수 있다고 생각하며 자신하고 있습니다. 그러나 그들은 실제로는 영적으로 무지하고 믿음에 대해서도 무지한 것뿐이라는 말씀입니다. 제자들은 인자가 왜 왔는지조차 제대로 알고 있지 못합니다. 그들을 사로잡은 것은 어떤 영입니까? 그것은 권세와 보복과 정죄의 영입니다. 인자가 온 것이 그런 일을 하려는 것이란 말입니까?

---

36 복음서, 특히 요한복음에는 수많은 법적인 암시와 법적인 틀이 있다고 주장하는 연구 논문들이 있기도 하지만, 사실은 그렇지 않은 것입니다.

제자들은 참으로 무지했던 것입니다. 부득이 심판을 해야 할 경우에도 예수는 유일한 심판자이신 아버지께 맡깁니다.눅10:12 s.;11:31-32 그가 선포하는 재앙도 저주가 아니라 예언입니다. 심판하고 정죄하기를 거부하는 예수에게 하나님은 최후의 심판을 위임하셨습니다. 그 이유는 바로 예수가 심판의 유혹을 물리치고 정죄함으로 자신의 권력을 과시하고픈 유혹을 이겼기 때문입니다.

자기 의

자신이 하나님의 아들임과 그 권세를 드러내고 싶은 유혹은 가장 근원적인 유혹으로서 거기서부터 모든 종류의 유혹들이 파생되어 나옵니다. 각기 다른 그런 유혹들은 어떤 일은 해야 하고 또 어떤 일은 하지 말아야 한다며 그 이유를 설명하는 예수의 가르침을 통해서만 그 모습을 드러냅니다. 만약에 자신이 옳다는 것을 말할 필요를 느꼈다면 예수는 확고하게 자신이 옳다는 것을 입증해야 했을 것입니다. 먼저 빌라도 총독으로 말미암아서 스스로 자기 의를 주장하고 싶은 유혹이 찾아옵니다. 재판에서 빌라도가 "네가 유대인의 왕이냐?"고 물을 때, 예수는 "그렇게 말한 것은 당신이다"라고 대답합니다. 그때에 빌라도는 자신을 향한 고소의 내용에 대해서 예수가 스스로 무고함을 밝히도록 요청합니다. "그들이 얼마나 많은 것으로 너를 고발하는지 아는가?" 이에 대해 예수는 아무 대답도 하지 않습니다. 그는 자신의 의를 주장하지도 않고 그가 옳다는 것을 입증하지도 않습니다. 아무도 그를 의롭다 할 수 없습니다. 오직 하나님 한 분만이 하실 수 있습니다. 예수는 오직 하나님의 응답을 기다리고 있었던 것입니다. 그러나 만약에 예수가 자신의 무죄를 증명했다고 하면 그것은 하나님 아버지께서 주관할 일일 수

밖에 없는 영역을 침범하는 것이 됩니다.

예수는 율법에 새로운 의미와 깊이를 부여하고자 할 때에 율법의 주인처럼 행세하지 않으려고 조심했습니다. 율법은 언제나 하나님의 말씀입니다. 그는 그 하나님의 말씀을 빼앗거나 위반하거나 폐지하고자 하는 뜻이 전혀 없었던 것입니다. 문둥병자를 고쳐주었을 때 예수는 그 점을 분명히 밝히며 율법을 넘어서지 않음으로써 하나님 아버지에 대한 순종을 보여 주었습니다. "삼가 아무에게도 이르지 말고 다만 가서 제사장에게 네 몸을 보이고 모세가 명한 예물을 드려 [율법을 지킴으로] 그들에게 입증하라."마8:1-4 하나님 아버지의 아들은 아버지의 뜻을 존중하여 새로운 율법을 제시하고자 하는 유혹을 물리쳤던 것입니다. 이와 연관되어 나오는 모든 유혹은 권력을 중심으로 일어납니다. 예수는 하나님이 그에게 부여한 권능을 사용할까요? 권력의 영의 유혹이 탐심으로부터 나오는 유혹과 연결되는 것은 자명한 일입니다. 예수는 자기 제자들에게 준 말씀을 스스로에게도 적용하였습니다. "무릇 자기를 높이는 자는 낮아지고 자기를 낮추는 자는 높아지리라."눅14:11 예수는 높아지기를 원치 않았고, 권력과 지배욕을 따라 행동하기를 원치 않았고, 결코 속박하기를 원치 않았고. 헛된 기적을 일으키지 않았고, 그 능력을 무익한 목적으로 사용하지 않았으며 스스로는 거기서 어떤 유익도 취하지 않았습니다. 사도 바울은 그 사실을 강력하게 증거 합니다. "하나님께서 세상의 미련한 것들을 택하사 지혜 있는 자들을 부끄럽게 하려 하시고, 세상의 약한 것들을 택하사 강한 것들을 부끄럽게 하시며, 하나님께서 세상의 천한 것과 멸시받는 것들과 없는 것들을 택하사 있는 것들을 폐하려 하시나니…."고전1장 하나님은 택하였습니다. 하나님이 택한 메시아는 세상 사람 눈에는 약하고 미련해야 합니다. 세상 사람에게는 존재감이 없는 사람이어야 합니다. 예수는 죽음에 뛰어들었기에 그는 이제는 없는 존재입니다.

그러나 이제 없는 존재로서 그는 다시 살아나서 죽음을 이기고 죽음과 함께 세상을 지배한다던 모든 능력을 무너뜨렸습니다. 왜 하나님께서 이 길을 선택하셨을까요? 이는 아무 육체라도 하나님 앞에서 자랑하지 못하게 하시고 영광은 오직 하나님께 드려지고 사람들이 예수님을 성경의 지식이 많은 현자라거나 능력 있는 예언자라거나 뛰어난 마술사37라고 부르지 못하게 하기 위함인 것입니다. 예수의 모든 삶과 행동은 오직 하나님 아버지만을 가리키는 손가락입니다. 권력에 관한 것은 선에 대해 이미 살펴본 내용과 같습니다. "나를 바라보지 말고 하나님 아버지만을 바라보시오." 그의 모든 기도는 늘 다음과 같습니다. "아버지를 찬양합니다." "내 뜻대로 마옵시고 아버지 뜻대로 하옵소서."

권능

자신의 능력을 드러내고 싶은 유혹은 예수의 전 생애를 통해서 계속됩니다. 얼마나 많이 예수는 기적을 행하기를 거절했습니까! 바리새인들과 사두개인들은 예수에게 다가와서는 하늘로부터 오는 표적기적 semeion을 보여 달라고 요구하곤 했습니다. 예수는 그들에게 대답합니다. "너희가 저녁에 하늘이 붉으면 날이 좋겠다 하고, 아침에 하늘이 붉고 흐리면 오늘이 날이 궂겠다 하나니 너희가 날씨는 분별할 줄 알면서 시대의 표적은 분별할 수 없느냐." 하나님의 사랑이 계시되는 때가 임한

---

37 그러므로 예수의 가르침이나 기적들을 이집트에서 배운 것으로 주장하려는 시도는 터무니없는 것에 지나지 않습니다.

표적들은 이미 줬습니다. 하지만, 그들은 경건하고 예언의 지식이 있는 사람들임에도 그 표적들을 분별할 수 없었습니다. 그래서 그들은 또 다른 표적, 자신들을 위한 특별한 표적을 요구했던 것입니다.

그것은 또한 우리 기독교인들이 아주 흔히 요구하는 것이기도 하지요. 우리는 성경이면 충분한데도 불구하고 결정적인 증거나 계시를 받으려고 기도하곤 합니다. 이미 충분한 표적들을 줬습니다. 예수는 말씀합니다. "악하고 음란한 세대가 표적을 구하나 요나의 표적밖에는 보여줄 표적이 없느니라"하고 그들을 떠납니다.

왜 예수는 이 세대를 책망합니까? 그것은 바로 이 세대가 표적을 구하기 때문입니다. 그리고 그 사람들은 예수를 시험하기 위해 그렇게 요구한 것입니다. 예수의 능력을 알아보기 위한 목적이지요. 그들의 요구가 왜곡되고 거짓된 것이기에 예수가 '사악한 세대'라 부른 것입니다. 예수가 그들이 요구한 기적을 행하여도 그들은 그 이전과 마찬가지로 믿지 않았을 것입니다.

그들이 겉으로는 경건한 기도라 볼 수도 있는 하늘로부터 오는 기적을 요구한 것은 사실은 함정입니다. 사실은 거짓에 불과하지만 경건한 바램들이라고 표명하며 우리 또한 얼마나 많이 주님께 요구하는지 모릅니다. 왜 '음란한 세대'라고 하였을까요? 그들이 하나님이 이미 보여주신 하나님의 뜻과는 다른 뜻으로 받아들이고 믿으려 하기 때문입니다. 그들은 하나님의 말씀과는 다른 것을 따르려 합니다. 그들은 선포된 말씀이 아니라 눈에 보이는 표적을 바라는 것입니다. 그래서 예수는 그들에게 다음과 같이 말씀한 것입니다. "요나의 표적밖에는 보여줄 표적이 없느니라." "요나의 표적은 너희가 잘 아는 성경에 있다. 그러나 실상 너희는 표적을 보지 않는 이상 그것을 믿지 않는다." 말씀과 약속과 언약만으로 예수가 누구인지 알아보기에 충분합니다. 예수는 약속의 말씀들을 성취하고 언약을 확정하고 요나의 기적을 행할 것입니다. 요나의 기적은 장차 일어날 것에 대한 예언입니다.

하지만, 예수는 성경 말씀도 믿지 않는 그들을 부활의 사건으로도 돌이킬 수 없다는 사실을 잘 알고 있었습니다. 이 말은 오늘을 사는 우리에게도 그대로 적용됩니다. 우리도 얼마나 많이 다음과 같은 말을 들었는지 모릅니다. "죽은 자가 살아나면 믿을 것입니다." 실은 예수의 부활 증언만으로 온전한 믿음을 가지기에는 충분합니다. 끝으로 왜 예수는 바리새인들과 사두개인들을 그렇게 모질게 대하였을까요? 그들이 예수를 시험하였기 때문입니다. 자신의 능력을 드러내는 것이 예수에게는 유혹이었기 때문입니다. 그 유혹을 거절하면 그 사람들이 어떻게 반응하여 말할지도 잘 알고 있었습니다. "그는 하나님이 보내신 메시아가 아니다." 유혹을 받았지만, 그 유혹을 물리침으로써 예수는 자신 존재의 실상을 증명할 필요가 없는 존재임을 보여주었습니다.

능력을 사용하지 않음

그 유혹은 극적으로 다시 찾아옵니다. 먼저 예수가 체포되던 때 한 제자가 겟세마네에서 주님을 보호하려는 시점이 결정적인 유혹의 순간입니다. 예수는 그 제자에게 말합니다. "네 칼을 도로 칼집에 꽂으라. 칼을 가지는 자는 칼로 망하느니라. 너는 내가 내 아버지께 구하여 지금 열두 군단 더 되는 천사를 보내시게 할 수 없는 줄로 아느냐? 내가 만일 그렇게 하면 이런 일이 있으리라 한 성경이 어떻게 이루어지겠느냐." 마26:52-54 이 말씀들은 그 의미가 예수의 생애에 행한 모든 선택과 일치하는 것으로 아주 귀중합니다. 이 말씀은 먼저 무력함을 근본적인 원칙으로 선택한 것을 보여줍니다.38 여기에서 무력함은 비폭력을 넘어서는 것입니다. 무력함은 능력의 포기로서 무능력한 것이 아니라 능력이 있는 사람이 그 능력을 사용하지 않기로 선택한 것을 말합니다. 그는 스스로 일으킬 수 있는 능력을 사용하지 않으며 심지어 자신의 생명을 지키기 위해서라 할지라도 그 능력을 쓰지 않기로 한 것입니다. 예수의 생애에는 정당방위라는 것이 없습니다. 그는 산상수훈으로 가르침을 준 것을 스스로 실천합니다. '누구든지 네 오른편 뺨을 때리면…' 모든 기독교인은 이처럼 예수가 선택한 길을 가도록 부름 받았습니다. 이것은 재물과 부에 관한 것보다 훨씬 더 어려운 선택입니다. 예수에게 주어진 시험은 가장 즉각적이고 원초적인 것으로 자신의 생명을 방어하라는 것입니다. 예수의 대답은 사단의 유혹에 대한 대답과 같습니다. "나는 말씀에 순종해야 한다." 성경에 선포된 모든 말씀은 성취되어야 하므로 도살장으로 끌려가는 것도 감당해야 합니다. 예수가 아버지께 천군 천사를 보내달라고 기도하는 것은 자신에게 주어진 유혹을 하나님 아버지께 전가하는 것입니다. 그것은 우리가 말했던 것, 즉 하나님의 시험이라는 것과 들어맞습니다. 그러나 이번에는 그를 유혹하는 자가 사단이 아니라 그의 제자 중의 한 사람입니다. 그러므로 유혹은 우리와 가장 가까운 자들, 가장 충직한 자들, 가장 친한 사람들에게서 올 수 있습니다. 그 점은 예수가 싸우기를 거절하자 제자들이 다 그를 버리고 도망했다고 기록된 사실이 확증하고 있습니다.

나는 예수가 그 능력의 사용을 포기했다고 말했습니다. 예수의 말씀은 단호합니다. 그는 그가 요청만 하면 아버지가 자기를 보호할 것을 확

---

38 제가 이미 전개했던 논의를 다시 대하여 될 독자에게 양해를 구하는 바입니다.

신합니다. 거기에는 어떤 주저함도 없습니다. 아버지는 아들을 무방비 상태로 내버려두지 않을 것입니다. 그런데 그렇게 되면 성육신한 것이 무슨 소용입니까? 예수의 가르침과 증언은 또 무슨 소용입니까? 아버지는 아들을 구하게 될 것입니다. 그렇지만, 모든 인류가 하나님과 화해하는 원대한 계획은 실패로 끝납니다. 아들은 인간을 하나님과 화해시키는 선물보다는 자신의 생명을 택합니다. 그렇게 해서 모든 일이 그 비극적인 한순간에 붕괴할 수 있고 하나님의 계획은 다시 한 번 실패로 그치게 될 것입니다. 예수는 성경의 말씀을 따르는 결정을 합니다. 어떻게 보면 하나님의 뜻을 아예 묻지도 않은 채 결정한 것으로 보입니다. 그러나 예수는 하나님의 뜻을 미리부터 알고 있었습니다. 그를 체포하고 재판하고 정죄한 사람들은 예수가 유혹을 이겨내고 내린 결정에 따라 움직이는 단역들에 지나지 않습니다.39

자기 보존욕구 L'autoconservation

물론 예수는 그때 고통도 피하고 싶고 죽음도 피하고 싶은 이중의 유혹을 경험했을 것입니다. 우리는 모두 이와 같은 생명을 보존하고자 하는 원초적 본능을 가지고 있습니다. 더 강력한 존재 이유나 진리에 대한 사랑에 사로잡혀 있지 않다면 (때로는 안타깝게도 증오나 이데올로기에 붙잡혀 있는 때도 있지만) 우리는 고통을 피하고 죽음을 피하고자

---

39 이 글은 예수가 사실은 로마에 대항하는 반란을 일으켰고 여기 나오는 칼은 그걸 상징한다는 근거 없는 가설에 종지부를 찍게 합니다. 그 가설에 따라 어떤 사이비 신학자는 그 칼들의 존재가 그들이 무기를 비축하고 있었다는 것을 증명한다고 주장하기까지 했습니다. 만약에 예수가 그런 존재였다면 참으로 어리석고 무능력한 사람에 지나지 않았을 것입니다.

할 것입니다. 예수는 이 점에서 우리와 똑같습니다. 그러나 예수에게는 생명 보존의 원초적 본능은 유혹에 해당합니다. 물에 빠져 죽어가는 사람을 구하기 위해 자신의 생명을 위험에 빠뜨리길 원하지 않는 사람의 경우처럼 말입니다. 그것이 바로 베드로와의 대화를 기록한 복음서가 전하는 내용입니다. 예수가 예루살렘에 가서 고통을 받고 죽음을 당할 것을 말하자마자, 바로 얼마 전에 "주는 그리스도시요 살아계신 하나님의 아들이시니이다" 라는 위대한 믿음의 고백을 한 베드로가 항변합니다. "주여 그리 마옵소서. 이 일이 결코 주께 미치지 아니하리이다."마 16:22 베드로는 그런 자기의 확신을 하나님이 인정하는 것으로 생각합니다. "하나님의 뜻이 그럴 리가 없습니다." 베드로는 자기 처지에서 보면 논리적입니다. 예수의 말씀이 비논리적입니다. 베드로가 하나님의 아들이요 그리스도라 고백했을 때 예수는 먼저 베드로를 칭찬하면서 그 고백이 하나님에게서 온 것이라고 선포합니다. 그리고 나서 예수는 예루살렘에 가서 고난과 죽음을 당할 것을 말합니다. 그것은 베드로에게 또한 오늘날의 우리에게도 결코 양립할 수 없고 가당치않은 것입니다. 베드로의 항변에 예수는 이례적으로 가혹하게 대합니다. "사탄아 내 뒤로 물러가라. 너는 나를 넘어지게 하는 자로다." 베드로는 사탄처럼 말했습니다. "당신이 하나님의 아들이니 당신이 말한 것이 당신에게 일어나지 않을 것입니다." 사탄은 항상 우리를 하나님에게서 멀어지게 하며 하나님의 뜻에서 벗어나게 합니다.

여기서 중요한 말은 넘어지게 하는 자라는 말입니다. 넘어지게 하는 것은 함정입니다. "네가 나에게 함정을 팠다." 달리 말하면 베드로의 항변이 예수에게는 함정이라는 것입니다. 그러나 그것이 예수의 생각에 아주 없었다면 함정이 될 수 있을까요? 그것이 예수에게 하나의 유혹이

예수가 받은 유혹들 137

되었기에 그것은 함정이었던 것입니다.

그것은 진짜 유혹이었습니다. 예수가 예루살렘에 가서 고난과 죽음을 당한다고 한 것은 하나의 당위에 순종한 것입니다. 정작 예수의 의지는 아직 자유롭습니다. 그러나 그러면 하나님의 계획은 실패하고 말 것입니다. 아버지가 청하는 것을 이루려면 그렇게 해야 하지만 개인적으로는 그렇게 하고 싶지 않습니다. 베드로의 말은 예수를 넘어뜨리게 하기 훨씬 더 쉬운 다른 길을 제시합니다. 예수 또한 이전에 당연히 그 길에 대해 생각해 본 바 있습니다.

그것은 유혹입니다. 그러기에 예수의 말이 그렇게도 가혹했던 것입니다. 고난도 죽음도 당하지 않는 유혹은 겟세마네의 기도에서도 다시 찾아옵니다. 우리와 똑같은 사람으로서 예수는 그 시련을 두려워했습니다. 복음서에서 그의 생애를 통하여 적어도 세 번은 반복해서 구하던 예수의 간청은 아마도 그 두려움에 대한 것이겠지요. 그러한 공포에 대해 깊은 묵상에서 나오는 말씀이 선포됩니다. "내가 불을 땅에 던지러 왔노니 이 불이 이미 붙었으면 내가 무엇을 원하리요. 내가 받을 세례가 있으니 그것이 이루어지기까지 나의 답답함이 어떠하겠느냐."눅12:49-50 그 불이 성령의 불을 언급한 것이라면 받을 세례는 그의 죽음을 말하는 것입니다. 그는 그것을 극도의 고뇌 속에서 기다립니다. 그 자신은 그 혹독한 시련의 길을 이미 다 가고 죽음의 어두운 계곡을 넘어서서 거기서 벗어남과 함께 성령의 불이 사람들을 비추게 되기를 간절히 바랐을 것입니다. 그러나 그 순간에는 그의 모든 공생애가 그 가혹한 시련을 받아들이는데 맞춰져 있습니다. 그는 아버지에 대한 확신과 신뢰에도 연약한 인간으로서 번민과 고뇌를 피할 수 없었습니다.

십자가에 못 박혀 있을 때 그 유혹은 더더욱 강하게 다시 그를 찾아옵니다. 지나가는 사람들이 욕하고 고개를 흔들면서 말합니다. "성전을 헐고 사흘에 짓는 자여 네가 만일 하나님의 아들이거든 자기를 구원하고 십자가에서 내려오라." 대제사장들과 서기관들과 장로들은 조롱합니다. "그가 남은 구원하였으되 자기는 구원할 수 없도다. 그가 이스라엘의 왕이로다. 지금 십자가에서 내려올지어다. 그리하면 우리가 믿겠노라." 우리는 여기서 유혹의 이중 고리를 보게 됩니다. 즉, "당신의 능력을 보여라"라는 것과 "그러면 우리가 당신을 믿겠노라" 라는 것입니다. 그것은 예수가 하나님의 아들이요 이스라엘의 왕이라는 것을 보여주고 증명하라는 유혹의 반복입니다. 예수는 스스로 입증하는 것을 항상 거부했습니다. 왜냐하면, 먼저 이런 일에서 하나의 증거라는 것은 별 의미가 없고, 입증하면 믿겠다는 말도 거짓에 지나지 않기 때문입니다.

  증거를 보여주면 믿어서 신앙을 가지겠다는 말은 진실이 아니므로 거짓말입니다. 믿는 것과 보는 것 사이에는 근본적인 벽이 있습니다. "내가 증거를 댄다면 너희들은 나를 이스라엘의 왕으로 숭배할 것이다. 그러나 너희들은 아무것도 이해할 수도 받을 수도 없으며, 존재에 대한 어떤 확신도 믿음도 가지지 못할 것이다." 예수는 다름 아니라 그 이름조차도 믿기 어려워 오직 믿음만으로 부를 수밖에 없는, 보이지 않는 하나님 아버지의 이름으로 왔습니다. 믿음을 불러일으키려고 예수는 그 유혹에 결코 넘어가면 안 됩니다. 십자가에서 내려와서 죽지 않을 수 있습니다. 그러나 그렇게 하면 이스라엘의 하나님에 대한 믿음의 싹을 다 잘라 버리는 것입니다. 하지만, 예수는 자신의 목숨은 구할 수 있겠지요. 그는 다시는 고통을 겪지 않을 것이고 비탄에 빠지지 않을 것이고 최종적인 파국을 피할 수 있을 것입니다. 즉, 죽음에 뛰어드는 것과 하나님께 버림받는 일을 피할 수 있겠지요. 예수가 최후의 선택을 했을 때 사람으로부터 받은 것이 무엇입니까? 조롱과 모욕인바 함께 십자가에 못 박혔던 강도들도 예수를 모욕했다고 마태복음은 증언합니다. 인자는 그 모든 것으로부터 구원을 받을 수 있습니다. 그는 기적을 행함으로 이 모든 모욕과 조롱을 아주 쉽고도 간단하게 웃음거리로 만들어 버릴 수 있었을 것입니다.

아버지의 뜻대로 하옵소서

믿는 사람들도 그런 유혹을 받을 수 있습니다. 난데없는 기적을 일으켜서 주님의 권능을 입증하여 모든 의심과 조롱을 멈추게 하면 좋겠지요. 그러나 예수는 기도합니다. "내 뜻대로 마옵시고 아버지 뜻대로 하옵소서." 기적을 요청하기 전에 우리는 "아버지의 뜻대로 하옵소서"라고 하신 주님의 기도를 돌아보아야 합니다. 그렇지만, 여기서 우리는 커다란 오해는 피해야 할 것입니다. 너무도 많은 경우에 기독교는 이 기도를 하나님이 주관하시는 사건에 맹목적으로 순종해야 한다는 식의 이슬람교가 말하는 복종으로 해석하곤 합니다. 또한, 너무도 많은 경우에 이 기도는 환난 당한 사람들이나 불행한 사람들을 위로하는 데 쓰이곤 합니다. "하나님의 뜻에 복종합시다." 그러나 그것은 예수가 겟세마네에서 행한 결단의 의미나 하나님 아버지께서 요청하는 것의 뜻과는 전혀 다릅니다.

내가 보기에 이 기도 가운데는 네 가지의 움직임들이 담겨 있습니다. 먼저 하나님의 뜻을 알고자 하는 바람이 있습니다. 하나님의 뜻은 그 일어난 사건만으로는 명확하게 분명히 이해되지 않습니다. 하나님의 영원하신 뜻은 무엇이고, 내가 처한 상황인 바로 지금 여기에서의 하나님의 뜻은 무엇인지요. 두 번째 질문은 첫 번째 질문과 연결되어 있습니다. 그것은 하나님의 뜻을 아는 것만으로는 충분하지 않기 때문입니다. 그래서 이 기도의 두 번째 내용은 그 하나님의 뜻을 나도 원하게 되도록 구하는 것입니다. 이는 하나님의 뜻을 알고서 그 뜻을 나도 원해야지 하나님 안에서의 삶이 가능해지기 때문입니다. 그래야, 이 기도의 세 번째 내용도 가능해집니다. 그것은 그 뜻대로 행하게 할 줄 알게 되기를 구함입니다. 이렇게 하나님의 뜻을 알고, 원하고, 행하는 것이 나를 통해 아버지의 뜻이 이루어지기를 구하는 기도의 내용입니다. 하지만, 그 기도는 여기서 끝나지 않습니다. 즉, 그렇게 깨닫고 원하게 된 하나님의 뜻이 내 뜻과 욕망과 판단과 이해관계와 어긋나게 될 때는 하나님의 뜻에 내 뜻을 굽힐 줄 알게 되기를 구합니다. 그렇게 해서 이제 내 안에서 그 뜻이 이루어지게 되기를 구하는 것입니다. 그러므로 이 기도에는 어떤 수동성이나, 일어난 것을 그대로 수용하는 태도나, 하나님께 모든 것을 일임하는 식의 방임하는 자세가 없습니다.

탐욕과 지배의 영

이렇게 십자가에서 예수가 겪은 모든 유혹이 다 끝이 납니다. 그 유혹들은 가장 일상적인 것으로부터 아주 화려하고 영웅적이고 웅대한 것에 이르기까지 그야말로 모든 인간적인 것들입니다. 예수가 탐욕이나 지배의 영에 이끌리는 인간 본성으로부터 오는 유혹을 이겨낼 때마다 그는 자신 안에 있는 탐욕과 지배의 영을 물리쳤습니다. 그래서 예수가 다 승리하였기 때문에 우리 또한 예수 안에서 그 유혹을 다 이길 수 있게 되었습니다. 우리가 우리의 육신의 뜻을 굽히기40 위해서 우리 스

---

40 여기서 굽힌다는 말은 사실은 죽인다는 뜻입니다. 뭘 하려면 끝까지 하고 보아야

스로 육신의 고행이나 채찍질이나 금식이나 절제로 그 원초적인 본능들41을 꺾을 수 있기를 바라는 것은 정말 엄청난 착각입니다. 그렇게 하면 우리는 곧장 지옥의 악순환 고리에 빠져버리기 때문입니다. 겸손한 행위들을 함으로써 나는 나의 교만을 꺾게 되었다 하고, 이제야 세리와 같이 말석에 앉아 있게 되었다고 생각하는 바로 그 순간에 나는 내가 겸손해졌다는 또 다른 교만에 빠지게 됩니다. 이렇듯 스스로 바리새인과 같지 않게 된 것에 감사드립니다. 또 달리 내가 나의 성적인 욕망을 꺾으려고 내 육신에 고행을 가하였더니 이제 그 고행 속에서 강렬한 환희를 느끼게 됩니다. 그런데 알고 보니 그것은 성적인 환희를 대신하는 또 다른 쾌락에 지나지 않는 것입니다.

예수가 하나님에 대해서 자유 의지를 가지고 인간 본성에 있는 근본적인 것을 이겨내고, 그럼으로써 완전한 인간으로서 인간 안에 있는 치명적인 악으로부터 우리를 해방했다면, 그로 말미암아서 우리는 오직 예수만을 의지할 수밖에 없습니다. 그 순간부터 흔히 하는 말대로 우리는 인간에 대한 믿음은 가질 수 없게 됩니다. 인간에 대한 믿음은 불가능해집니다. 그리고 최후의 악마의 유혹에 해당하는, 인간이 하나님이 되도록 하나님이 인간이 되었다는 식의 신학적 명제도 성립할 수 없게 됩니다. 예수는 인간이 정말 인간다워지도록 인간이 되었습니다. 그래서 인간은 자유 의지를 가진 피조물로서 자유롭게 창조주이며 구원자

합니다. 그 의미가 영적으로 육신을 죽인다는 뜻임을 알아듣지 못한 사람들을 위해서 그냥 단순하게 자살하는 것이라고 합시다.
41 성적인 욕구는 사람의 가장 깊은 욕망이나 결정적인 욕망이 아니라는 것을 분명하게 상기할 필요가 있습니다. 성욕은 한편에선 탐욕에 의해서, 한편에선 지배의 영에 의해 좌우되는 것입니다. 성욕은 육신의 근본을 이루는 이 두 가지 힘들이 사용하는 한 수단에 불과합니다.

인 하나님을 사랑하고 믿음으로 순종하며 하나님의 놀라운 사랑을 깨닫고 그 사랑에 대해 단순하고 기쁜 마음으로 응답합니다. 하나님은 세상을, 즉 우리 각자를 너무나도 사랑하셔서 인간이 겪는 모든 유혹을 이길 수 있도록 우리와 같은 인간이 되신 것입니다. 인간에 대한 믿음은 이제 불가능하고, 인간의 아들이 된 하나님의 아들을 향한 믿음만이 성립되는 것입니다. 우리를 모든 유혹 가운데서 해방하고 승리하게 하는 분은 오직 예수뿐입니다.

겟세마네 동산과 십자가 위에서 예수에게 임한 그 무서운 유혹과 시험들을 묵상함으로써 우리는 최후의 유혹이 예수의 공생애 초기에 임한 첫 번째 유혹과 같은 것임을 알게 되었습니다.

이스라엘과 이방 민족들

마지막으로 두 가지 유혹에 대해서 살펴보고자 합니다. 이 두 가지 유혹은 이전의 유혹들보다는 확실하게 드러나지 않습니다. 그리고 그 유혹을 알게 되면 독자들은 틀림없이 놀라게 될 것입니다. 예수는 자신의 사명에 대해 분명한 의식을 하고 있었을까요? 그는 분명히 이스라엘의 메시아로서의 사명을 자각하고 있었습니다. 그렇지만, 인류의 구원자로서의 사명에 대해서도 그러했을까요? 그 문제를 드러내는 것은 성경의 두 가지 본문들에 나타나는 차이점입니다. 예수는 열두 제자들을 택하여서 복음을 선포하는 사명을 주어 파송하였습니다. 그렇지만, 예수는 말씀합니다. "이방인들에게도 가지 말고 사마리아의 마을에도 가지 말고 이스라엘 집의 잃어버린 양들에게로 가라." 선택받은 백성인 이스라엘의 양들에게만 예수는 다음과 같이 선포합니다. "하나님의 나라가 가까이 왔다."마10:5-6 그러므로 예수의 사역은 명확하게 구분

되고 제한된 것입니다. 그런데 거센 적대적인 반응들을 겪고 나서 갑자기 예수는 두로와 시돈으로 넘어갑니다. 그러나 "그는 물러갔다"라고 성경은 기록하고 있습니다.마15장 말씀을 전한다거나 기적을 일으키는 사역을 한다는 뜻은 전혀 없었던 것입니다. 다만, 이스라엘 지도자들의 위협과 몰이해를 피해서 예수는 잠시 물러나 있고자 하였습니다. 그는 이방인들 사이에서 눈에 띄지 않은 채로 쉼을 얻고자 했습니다. 이는 마가복음에 의해서도 확인됩니다. "그는 아무도 자신을 알아보지 않기를 바라면서 한 집에 들어섰다." 그때 가나안 여인이 등장합니다. 그녀가 그에게 간청했을 때 그는 한마디도 하지 않았습니다.마태복음 그녀가 고집하자 그는 자신이 이방인들을 위해 오지 않았다고 말합니다. 그는 이스라엘만의 메시아라는 것입니다. "나는 이스라엘 집의 잃어버린 양들에게 보냄을 받았다." 그녀가 계속 고집하자 그는 더 가혹하게 말합니다. "자녀들의 빵을 개들에게 주어서는 안 된다." 이스라엘은 하나님의 자녀입니다. 이방인들은 개들입니다. 그것은 유혹이었습니다. 이스라엘의 메시아로서의 사명을 벗어나야 합니까? 보편적인 복음에 따라 모든 사람에게 하나님의 나라를 선포해야 합니까? 하나님의 아들인 예수는 그런 의문에 부딪혔습니다. 그것은 하나님 아버지가 그를 보내며 부여한 사명보다 더 큰 일을 행하기를 원하도록 부추기는 사단의 유혹이 아닐까요? 하나님보다 더 큰 책임을 감당하려 하는 것은 아닌가요? 바로 그때에 단절이 일어났습니다. 가나안 여인은 자기가 구하는 것이 무엇인지 확실히 알고 있었습니다. 이 여인은 흔들리지 않는 믿음을 가지고 있었습니다. 그녀는 예수에 대한 믿음으로 말미암아 그 안에서 귀신들을 이기는 진리와 권능을 봅니다. 그녀는 개 취급을 받는 것도 감수하면서 그녀가 믿는 예수가 자신의 믿음에 응답하기만 하면 그 어떤 것이라도 다 감수하고자 합니다. 그녀는 결정적인 대답을 합니다. 개들도 자녀의 상에서 떨어지는 부스러기들을 먹습니다. 이방인들은 부스러기라도 좋습니다. 그녀는 자신도 인정하는 하나님의 백성과 같이 대해달라고 청하지 않고, 부스러기를 구하는 것입니다. 하나님이 하나님의 아들에게 준 것의 부스러기 하나만 있어도 귀신을 물리치기에는 충분하다는 사실을 그녀는 알고 있었습니다. 여기서 예수는 수긍합니다. 유혹일 수도 있는 것을 받아들입니다. 그는 겸손과 순전한 믿음과 조건 없는 사랑 앞에 양보합니다. 그는 그 모든 것을 수긍함으로써 자신이 이방인들에게도 보냄을 받았으며 복음은 보편적인 것으로 하나님의 나라는 모든 민족에게 허용되었다는 사실을 인정한 것입니다. 그것은 하나님 아버지가 그를 보내며 준 사명을 벗어나는 것이 아닙니다. 사랑과 믿음은 처음에 유혹으로 여겨질 수 있던 것이 사실은 유혹이 아니고 인간의 하나님을 향한 간구임을 보여주었습니다. 하나님은 이제 모든 사람의 하나님이 되신 것입니다.

성경 말씀의 성취

이제 우리는 바로 앞서 봤던 유혹과 같이 긍정적인 또 다른 유혹을 깊이 묵상하고자 합니다. 그것은 성경 말씀의 성취에 관한 것입니다. 예수는 기록된 모든 말씀에 철저하게 순종했는데 기독교인들은 과연 율법과 구약으로부터 자유롭다고 말할 수 있을까요? 예수는 의식법이나 도덕법뿐만 아니라 모든 말씀에 순종하였습니다. 예수가 때로는 의식법이나 도덕법을 위반하는 모습을 보여줍니다. 안식일 규정이나 식사 전에 손을 씻는 정결례나 문둥병자나 죽은 자를 접촉한 뒤의 정결례에 관한 경우에서 말입니다. 그러나 그런 법을 위반할 때마다 그것은 그 법의 더 깊은 뜻과 영적인 참된 의미를 드러내기 위해서였습니다. 그가 위반한 것은 한편으로는 외적인 것에 대해서였고 또 한편으로는 영적인 법이 법률적인 것으로, 자유의 계시가 억압의 체계로 바뀐 것에 대해서였습니다.

반대로 메시아에 관한 예언들은 반드시 이루어져야 한다는 것에 집요하게 관심을 두는 예수의 모습이 있습니다. 그는 축어적으로 말씀이 성취되는 것을 말하지 않습니다. 그는 참으로 자유롭게 행했습니다. 그러면서도 그는 자신의 삶과 죽음 때문에 엄청난 의미가 있는 구체적이고 세부적인 말씀들을 성취했습니다. 몇몇 구절들은 그 구절들이 기록된 유일한 이유가 그가 그것들을 성취하는 데 있음으로써, 성취된 이후로는 우리 기독교인들에게 더는 그 이외의 다른 의미가 있지 않게 되었습니다. 붙잡히기 전에 예수는 제자들에게 검들을 가지게 했습니다. 이는 다음의 말씀이 이루어지게 하기 위함이었죠. "그는 많은 범죄자들에게 둘러싸여 있었다."눅22:37 성경 말씀이 이루어지려면 예수는 강도나 범죄자처럼 보여야 했습니다. 십자가에 못 박혀서는 예수는 "내가 목마르다"라고 했습니다. 이는 시편 69편이 이루어지게 하기 위함이었습니다. "나의 목마름을 위해서 그들이 나에게 식초 탄 물을 주었습니다." 그의 생애는 전체가 이 말씀의 성취로 점철돼 있습니다. 그것은 말씀을 이루고자 수고하고 애씀이 아니라 하나님의 말씀과 하나가 되는 말씀이 되어가는 것이었습니다. 하나님의 말씀은 하나님의 영으로 그의 영에 감응하여 그가 하는 모든 것이, 심지어 자발적으로 하는 것조차도 살아있는 말씀이 되었습니다. 그 말씀은 5세기도 넘게 선포된 말씀으로서 예수가 사람 중에 단 하나의 유일하고 불가해한 존재임을 밝히는 데 있어서 하나라도 놓쳐버리는 일이 없도록 수집된 것입니다. 예수를 이해하려면 늘 이 초월적인 말씀을 돌아보아야 합니다. 이 말씀이 없이는 예수의 생애는 인간의 가련한 이데올로기들이 자신들을 내세우려고 몰두하는 알쏭달쏭한 그림 그리기에 그치고 맙니다. 여기에 유혹이 있습니다. "하나님의 아들이요 영원한 말씀으로서 나는 점진적으로 계시되는 말씀에 순종할 것인가? 아니면 나 자신이 아무 다른 것도 필요로 하지 않는 계시 그 자체인가?" 한 인간으로서 예수는 온전하게 순종하였습니다.

최후의 유혹

우리는 최후의 고통 속에서 최후의 유혹을 발견합니다. 예수는 큰 소리로 외칩니다. "나의 하나님, 나의 하나님, 어찌하여 나를 버리셨나이까?" 왜 하늘은 돌연 텅 비어 버리고, 하나님은 너무도 멀리 계셔서 더는 존재하지 않는 것 같습니까? 왜 당신이 날 보내서 이루도록 한 일은 이런 실패로 끝나게 되고, 왜 나는 이런 고통을 겪어야 합니까? 이때 찾아오는 유혹은 절망의 유혹입니다. 왜냐하면, 그 외침이 절망의 외침이기 때문입니다. 하나님이 이 사람, 당신의 아들을 버리셨다면 모든 것이 다 소용없어집니다. 피조물들의 간구에 벙어리에다가 눈멀고 귀먹은 하나님을 아무도 신뢰할 수 없습니다. 절망의 유혹은 궁극적인 것으로 어떤 다른 유혹도 이보다 더 무섭지 않습니다. 이 사실을 알았기에 교회는 절망의 표현인 자살을 가장 큰 죄로 판단한 것입니다. "나는 당신이 나의 하나님인 것을 알고 또 그렇게 고백합니다. 그러나 당신은 나를 더는 사랑하지 않는 하나님이요 내가 더는 소망을 할 수 없는 하나님입니다." 절망을 겪는 모든 사람은 이제 인자가 그들과 함께 하려고 그들보다 먼저 그 절망을 겪었으며 그래서 존재 전부와 영혼의 그 가혹한 고통을 하나님이 알게 되었다는 사실을 깨달아야 합니다.

그런 유혹을 받고 있을 때 예수는 선포합니다. "다 이루었다." 이제 인간이 겪을 수 있는 가장 무서운 유혹을 그가 겪음으로 인해서 더 이상의 또 다른 유혹은 일어날 수 없으니 이제 그는 다 이룬 것입니다. 모든 고통과 모든 유혹은 이제 하나님의 품 안에 있습니다. 우리가 알 건 모르건 원하건 원하지 않건 간에 예수가 겪었고 하나님이 받으신 이 시험보다 더 무서운 것은 이제 사람에게 일어날 수가 없습니다. "왜 나를 버리셨습니까?" "그래야만 했다." 그래야만 했습니다. 하나님을 기쁘게 하기 위해서가 아니라 인간의 모든 비참한 상황을 하나님의 품에 안겨 드리려고 말입니다.

내용요약

서문

예수는 완전한 인간이며 완전한 하나님이라는 믿음의 고백 위에 그리스도교가 성립한다. 그런데 오랫동안 알게 모르게 예수의 신성이 더 강조되어 왔다. 그래서 완전한 신성을 가진 예수는 우리 인간과 같은 고통과 시련을 겪지 않았다고 보는 경향이 있다. 심지어 십자가의 죽음의 고통조차도 실제로 인간이 겪는 것과 같지 않았을 것으로 여기기까지 한다. 그러나 성서를 통해 예수의 생애를 보면 나사렛 목수의 아들로서 인간의 모든 고난과 시험을 겪는 모습들이 나타난다. 인간과 하나님의 관계가 단절되어 발생한 고난과 시험을 겪는 예수에게서 우리는 완전한 인성을 보게 된다. 거기서 인간의 고통에 함께 하는 하나님의 사랑을 구현하는 그리스도를 만난다. 이 책에서는 고난과 시험을 겪는 인간 예수를 복음서를 통해 더 깊이 알아보고자 한다.

제1장·고난 받는 종

인간의 어떤 고통도 예수와 상관없는 것이 없다. 하나님의 아들인 예수는 우리의 고통을 담당하려 왔기 때문이다. 그 말은 그가 우리의 고통을 다 없애버렸다는 뜻은 아니다. 그가 우리의 고통을 짊어진다는 것은 우리의 아픔과 고통을 대신한다는 말이 아니다.

그것은 먼저 고통 받는 우리와 예수가 함께 한다는 것이다. 그가 함께 함으로 우리는 고통 속에서 더 이상 혼자가 아니다. 믿음을 통해서 우리는 고통과 고뇌의 가장 깊은 곳에서 우리의 고통을 짊어진 존재를 만난다. 그가 실제로 나와 함께 짊어지는 것이 바로 나의 고통임을 알게 된다. 또한 그 믿음 속에서 우리는 고통의 원인인 정죄로부터 자유하게 된다. 고통의 뿌리가 뽑히는 것이다. 이제 고통은 저주가 아닌 단순한 물리적인 작용에 그칠 뿐이다.

예수는 병자들을 치유하면서 외적인 증세들을 띠지 않은 채 온갖 고통을 수용함으로써 그 고통에 참여하여 인간의 모든 병들을 담당한다. 그는 육체적인 고통뿐만 아니라 심리적 사회적 영적인 요소들을 포함하는 총체적인 고통을 받아들인다. 가족 관계의 단절로 인한 결별의 커다란 고통을 구원과 온전한 사랑을 위해 감내한다. 군중들을 보면서 긍휼히 여기는 마음은 무리 속에서 진정한 삶의 의미와 가치를 찾지 못하는 오늘의 현대인을 향한 것이기도 하다.

하나님이 한 인간 안에 있다는 계시는 엄청난 충격과 두려움과 불신을 불러 일으켰다. 인간으로 온 하나님이 십자가 위에서 죽음을 맞이한다는 무시무시한 계시를 이성적인 인간이라면 그 누구라도 믿을 수 없었을 것이다. 예수는 진실한 믿음의 기도에 응답하는 하나님을 받아들이지 않는 그 인간적 현실에 분노하였다. 그것은 위선적인 바리새인들과 서기관들뿐만 아니라 모든 사람들을 향한 것이었다. 동시에 그것은 예수에게 커다란 고통을 주었는데, 자신이 많은 사람들에게 걸림돌이 되는 것을 피할 수 없기 때문이었다.

제자들이 행한 배신과 부인은 그 증거가 된다. 특별히 가까운 이들로부터 버림받는 것은 예수에게 커다란 괴로움을 주었다. "심령이 괴로웠다"는 말이 그 사실을 말해준다. 심령은 그를 하나님 아버지와 묶어주는 것으로 가장 중심적인 것이고 본질적인 것이다. 그 심령이 무너지거나 흔들릴 정도로 괴로웠던 것이다.

그는 모든 인간의 고통을 함께 나누었다. 그는 정의와 사랑과 진리를 전파하는 것으로 만족하지 않았다. 그는 모든 율법을 다 완성한 고난 받는 종으로 십자가의 죽음의 고통까지 담당하였다. 그는 인간으로서 겪을 수 있는 모든 고통들을 다 감당함으로써 그 후로는 어떤 사람도 하나님의 아들이 겪었던 고통보다 더한 고통을 겪을 수 없게 한 것이다.

제2장·예수가 받은 유혹들

예수는 인간이 겪을 수 있는 모든 시험과 유혹을 다 받았다. 그것은 예수가 인간을 구원하는 그리스도임을 보여줄 뿐만 아니라 그가 온전한 인간이었다는 것을 입증하는 것이기도 하다. 복음서는 우리에게 예수가 받은 시험과 유혹들을 말해준다.

I. 사막에서의 세 가지 시험

첫 번째 시험은 육체적인 것이었다. 예수는 사십일의 금식을 하여 굶주려 있음에도 자신이 하나님의 아들임을 입증하는 기적을 행하기를 거부하여 그 유혹을 이겨낸다. 이는 단지 자신이 하나님의 아들임을 증명하는 것을 거부하는 것이라기보다는 무엇보다 하나님의 말씀을 필요로 하는 존재임을 명백하게 한 것이다. 그것은 인간의 육체에 필요한 것을 생산해내는 일의 유익함을 부정하는 것이 아니다. 그것은 생명의 근원인 하나님의 말씀이 인간 존재의 본질과 존엄성을 지키며 살아가는데 더더욱 필수불가결하다는 사실을 말하는 것이다.

다음으로 인간의 권력욕에 대한 시험이 뒤를 잇는다. 사단의 유혹을 통해서 이 땅의 모든 정치적 권력과 영광의 근저에는 사단의 역사가 있음이 드러난다. 사단이 예수에게 제안한 것이 그럴진대 정치적인 권력을 누리기 원하는 사람들은 이미 권력의 영인 사단에게 사로잡힌 것이라고 볼 수 있다. 그런데 권력욕은 탐욕의 또 다른 표현일 뿐이다. 탐욕은 아담 이래로 인간의 모든 악과 부패의 뿌리이다.

세 번째로 사단은 성서본문을 인용하면서 예수가 하나님의 아들인 것을 은연중에 인정한다. 사단은 단지 그것을 입증하는 기적을 행하라며 예수를 시험한다. 사단이 요구하는 것은 예수가 정말 하나님의 아들임을 입증하는 기적이다. 그것을 거절하며 예수는 자신이 행하는 일에 대해 믿음만을 요청할 뿐이다. 하나님 아버지와의 관계가 사랑과 믿음의 관계라면, 아들과의 관계 역시 그렇다. 거기엔 증거가 필요 없다. 예수는 자신을 증거 하거나 자신을 믿게 하기 위한 기적을 거부할 뿐만 아니라 권능을 드러내는 기적도 행하기를 거부한다. 오직 하나님의 사랑을 드러낼 때 예외적으로 권능을 사용한다.

사막에서 예수가 경험한 세 가지 시험과 유혹은 인간이 겪을 수 있는 근본적인 유혹들을 보여준다. 그것들은 경제적인 유혹과 정치적인 유혹과 종교적 이념적 유혹이다.

II. 구체적인 유혹들

자기 이름으로 아무 것도 소유하지 않았던 예수는 과연 재물과 부에 대한 유혹을 겪었을까? 예수는 부자가 되는 것을 원하지도 않았고 그렇게 되려고 노력하지도 않았지만 재물이라는 원수에 대해 강하게 경계하였다. 그 점이 이미 재물의 유혹을 받았던 것을 나타내고 있다.

자기 영광의 유혹은 항상 자기 확신의 문제를 제기한다. 예수는 스스로 하나님의 아들이라 하지 않고 인자라고 호칭한다. 그 사실은 그가 그런 유혹을 물리쳤다는 증거가 된다. 자신이 하나님의 아들임과 그 권세를 드러내고 싶은 유혹은 가장 근원적인 유혹으로서 거기서부터 모든 종류의 유혹들이 나온다. 그 모든 유혹들을 받았지만 그것들을 물리침으로써 예수는 자신의 존재를 스스로 증명할 필요가 없는 존재임을 보여주었다.

그런데 결정적인 순간에 결정적인 유혹이 찾아온다. 겟세마네 동산에서 붙잡힐 때 예수는 무력으로 대항하려는 제자에게 말한다. "너는 내가 내 아버지께 구하여 지금 열두 군단 더 되는 천사를 보내시게 할 수 없는 줄로 아느냐? 내가 만일 그렇게 하면 이런 일이 있으리라 한 성경이 어떻게 이루어지겠느냐."마26:52-54 이는 하나님의 말씀에 순종하기 위해서 권능을 사용하려는 유혹을 물리친 것을 보여준다. 그는 심지어 자신의 생명을 지키기 위해서라 할지라도 그 능력을 쓰지 않기로 결정한 것이다. 그것은 재물과 부를 포기하는 것보다 훨씬 더 어려운 선택이다.

십자가에서 예수가 겪은 모든 유혹들이 다 끝이 난다. 그 유혹들은 가장 일상적인 것으로부터 아주 화려하고 영웅적이고 웅대한 것에 이르기까지 그야말로 모든 인간적인 것들이다. 예수가 탐욕이나 지배의 영에 이끌리는 인간 본성으로부터 오는 유혹을 이겨낼 때마다 그는 자신 안에 있는 탐욕과 지배의 영을 물리쳤다. 그래서 예수가 다 승리하였기 때문에 우리 또한 예수 안에서 그 유혹을 다 이길 수 있게 되었다. 모든 고통과 모든 유혹은 이제 하나님의 품 안에 있다. 예수가 겪었던 시험보다 더 무서운 것은 이제 사람에게 일어날 수가 없다.

엘륄의 저서연대기순 및 연구서

- *Étude sur l'évolution et la nature juridique du Mancipium.* Bordeaux: Delmas, 1936.
- *Le fondement théologique du droit.* Neuchâtel: Delachaux & Niestlé, 1946.
  → 『자연법의 신학적 의미』, 강만원 옮김(대장간, 2013)
- *Présence au monde moderne: Problèmes de la civilisation post-chrétienne.* Geneva: Roulet, 1948.
  → 『세상 속의 그리스도인』, 박동열 옮김(대장간, 1992, 2010(불어완역))
- *Le Livre de Jonas.* Paris: Cahiers Bibliques de Foi et Vie, 1952.
  → 『요나의 심판과 구원』, 신기호 옮김(대장간, 2010)
- *L'homme et l'argent* (Nova et vetera). Neuchâtel: Delachaux & Niestlé, 1954.
  → 『하나님이냐 돈이냐』, 양명수 옮김(대장간. 1991, 2011)
- *La technique ou l'enjeu du siècle.* Paris: Armand Colin, 1954. Paris: Économica, 1990.
  → (E)*The Technological Society.* **New York: Knopf, 1964.**
  → 『기술, 세기의 쟁점』(대장간 출간 예정)
- *Histoire des institutions.* Paris: Presses Universitaires de France, plusieurs éditions (dates données pour les premières éditions);. Tomes 1-2, L'Antiquité (1955); Tome 3, Le Moyen Age (1956); Tome 4, Les XVIe-XVIIIe siècle (1956); Tome 5, Le XIXe siècle (1789-1914) (1956).
  → 『제도의 역사』, (대장간, 출간 예정)
- *Propagandes.* Paris: A. Colin, 1962. Paris: Économica, 1990
  → 『선전』, 하태환 옮김(대장간, 2012)
- *Fausse présence au monde moderne.* Paris: Les Bergers et Les Mages, 1963.
  → (E)*False presence of the Kingdom.* Trans. C. Edward Hopkin. New York: Seabury, 1972.
  → (대장간 출간 예정)
- *Le vouloir et le faire: Recherches éthiques pour les chrétiens*: Introduction (première partie). Geneva: Labor et Fides, 1964.
  → (E)*To Will and To Do: An Ethical Research for Cristinas.* Trans. C. Edward Hopkin. Philadelphia: Pilgrim, 1969.
  → 『원함과 행함』, 김치수 옮김(대장간, 2018)

- *L'illusion politique*. Paris: Robert Laffont, 1965. Rev. ed.: Paris: Librairie Générale Française, 1977.
  → 『정치적 착각』, 하태환 옮김(대장간, 2011)
- *Exégèse des nouveaux lieux communs*. Paris: Calmann-Lévy, 1966. Paris: La Table Ronde, 1994.[reproduction de la couverture]
  → (E)*A critique of the New Commonplaces*. Trans. Helen Weaver. New York: Knopf, 1968.
  → (대장간, 출간 예정)
- *Politique de Dieu, politiques de l'homme*. Paris: Éditions Universitaires, 1966.
  → 『하나님의 정치와 인간의 정치』, 김은경 옮김(대장간, 2012)
- *Histoire de la propagande*. Paris: Presses Universitaires de France, 1967, 1976.
  → 『선전의 역사』(대장간, 출간 예정)
- *Métamorphose du bourgeois*. Paris: Calmann-Lévy, 1967. Paris: La Table Ronde, 1998. [reproduction de la couverture]
  → 『부르주아와 변신』(대장간, 출간 예정)
- *Autopsie de la révolution*. Paris: Calmann-Lévy, 1969.
  → 『혁명의 해부』, 황종대 옮김(대장간, 2013)
- *Contre les violents*. Paris: Centurion, 1972.
  → 『폭력에 맞서』, 이창헌 옮김(대장간, 2012)
- *Sans feu ni lieu: Signification biblique de la Grande Ville*. Paris: Gallimard, 1975.
  → 『머리 둘 곳 없던 예수-대도시의 성서적 의미』, 황종대 옮김(대장간, 2013).
- *L'impossible prière*. Paris: Centurion, 1971, 1977.
  → 『우리의 기도』, 김치수 옮김(대장간, 2015)
- *Jeunesse délinquante: Une expérience en province*. Avec Yves Charrier. Paris: Mercure de France, 1971.
- *De la révolution aux révoltes*. Paris: Calmann-Lévy, 1972.
  → 『혁명에서 반란으로』, 안성헌 옮김(대장간, 2020)
- *L'espérance oubliée, Paris:* Gallimard, 1972.
  → 『잊혀진 소망』, 이상민 옮김(대장간, 2009)
- *Éthique de la liberté,*. 2 vols. Geneva: Labor et Fides, I:1973, II:1974.
  → (E)*The Ethics of Freedom*. Trans. and ed. Geoffrey W. Bromiley. Grand Rapids: Eerdmans, 1976. London: Mowbrays, 1976.
  → 『자유의 윤리』, (대장간, 2018), 『자유의 윤리2』, (대장간, 2019)
- *Les nouveaux possédés*, Paris: Arthème Fayard, 1973.
  → (E)*The New Demons*. **New York: Seabury, 1975. London: Mowbrays, 1975.**
  → 『새로운 신화에 사로잡힌 사람들』, 박동열 옮김(대장간, 2021)
- *L'Apocalypse: Architecture en mouvement*, Paris. Desclée 1975.
  → (E)*Apocalypse: The Book of Revelation*. Trans. George W. Schreiner. New York: Seabury, 1977.
  → 『요한계시록』(대장간, 출간 예정)
- *Trahison de l'Occident*. Paris: Calmann-Lévy, 1975.
  → (E)*The Betrayal of the West*. Trans. Matthew J. O'Connell. New York: Seabury,1978.
  → 『서구의 배반』(대장간, 출간 예정)
- *Le système technicien*. Paris: Calmann-Lévy, 1977.
  → 『기술 체계』, 이상민 옮김(대장간, 2013)

- *L'idéologie marxiste chrétienne*. Paris: Centurion, 1979.
  → 『기독교와 마르크스주의』, 곽노경 옮김(대장간, 2011)
- *L'empire du non-sens: L'art et la société technicienne*. Paris: Press Universitaires de France, 1980.
  → 『무의미의 제국』, 하태환 옮김(대장간, 2013)
- *La foi au prix du doute: "Encore quarante jours.."*. Paris: Hachette, 1980.
  → 『의심을 거친 믿음』, 임형권 옮김 (대장간, 2013)
- *La Parole humiliée*. Paris: Seuil, 1981.
  → 『굴욕당한 말』, 박동열 이상민 공역(대장간, 2014년)
- *Changer de révolution: L'inéluctable prolétariat*. Paris: Seuil, 1982.
  → 『인간을 위한 혁명』, 하태환 옮김(대장간, 2012)
- *Les combats de la liberté*. (Tome 3, L'Ethique de la Liberté) Geneva: Labor et Fides, 1984. Paris: Centurion, 1984.
  → 『자유의 투쟁』(솔로몬, 2009)
- *La subversion du christianisme*. Paris: Seuil, 1984, 1994. [réédition en 2001, La Table Ronde]
  → 『뒤틀려진 기독교』,박동열 이상민 옮김(대장간, 1990 초판, 2012 불어 완역판 출간)
- *Conférence sur l'Apocalypse de Jean*. Nantes: AREFPPI, 1985.
- *Un chrétien pour Israël*. Monaco: Éditions du Rocher, 1986.
  → 『이스라엘을 위한 그리스도인』(대장간, 출간 예정)
- *Ce que je crois*. Paris: Grasset and Fasquelle, 1987.
  → (E)*What I Believe*. Trans. Geoffrey W. Bromiley. Grand Rapids: Eerdmans, 1989.
  → 『개인과 역사와 하나님』, 김치수 옮김(대장간, 2015)
- *La raison d'être: Méditation sur l'Ecclésiaste*. Paris: Seuil, 1987
  → (E)*Reason for Being: A Meditation on Ecclesiasres*. Trans. Joyce Main Hanks. Grand Rapids: Eerdmans, 1990.
  → 『존재의 이유』(대장간. 2016)
- *Anarchie et christianisme*. Lyon: Atelier de Création Libertaire, 1988. Paris: La Table Ronde, 1998
  → (E)*Anarchy and Christianity*. Trans. Geoffrey W. Bromiley. Grand Rapids: Eerdmans, 1991.
  → 『무정부주의와 기독교』, 이창헌 옮김(대장간, 2011)
- *Le bluff technologique*. Paris: Hachette, 1988.
  → (E)*The Technological Bluff*. Trans. Geoffrey W. Bromiley. Grand Rapids: Eerdmans, 1990.
  → 『기술담론의 허세』, 안성헌 옮김(대장간, 2021)
- *Ce Dieu injuste..?: Théologie chrétienne pour le peuple d'Israël*. Paris: Arléa, 1991, 1999.
  → 『하나님은 불의한가?』, 이상민 옮김(대장간, 2010)
- *Si tu es le Fils de Dieu: Souffrances et tentations de Jésus*. Paris: Centurion, 1991.
  → 『네가 하나님의 아들이라면』, 김은경 옮김(대장간, 2010)
- *Déviances et déviants dans notre société intolérante*. Toulouse: Érés, 1992.
- *Silences: Poèmes*. Bordeaux: Opales, 1995. → (대장간, 출간 예정)
- *Oratorio: Les quatre cavaliers de l'Apocalypse*. Bordeaux: Opales, 1997.
→ (E)*Sources and Trajectories: Eight Early Articles by Jacques Ellul that Set the Stage*. Trans.

and ed. Marva J. Dawn. Grand Rapids: Eerdmans, 1997.
- *Islam et judéo-christianisme*. Paris: Presses universitaires de France, 2004.
  → 『이슬람과 기독교』, 이상민 옮김(대장간, 2009)
- *La pensée marxiste*: Cours professé à l'Institut d'études politiques de Bordeaux de 1947 à 1979 Edited by Michel Hourcade, Jean-Pierre Jézéuel and Gérard Paul. Paris: La Table Ronde, 2003.
  → 『마르크스 사상』, 안성헌 옮김(대장간, 2013)
- *Les successeurs de Marx*: Cours professé à l'Institut d'études politiques de Bordeaux Edited by Michel Hourcade, Jean-Pierre Jézéquel and Gérard Paul. Paris: La Table Ronde, 2007.
  → 『마르크스의 후계자』 안성헌 옮김(대장간, 2014)
- *Les sources de l'éthique chrétienne*. Geneve: Labor et Fides, 2014.
  → 『원함과 행함 2』, 김치수 옮김(대장간, 2021)
- *Théologie et Technique. Pour une éthique de la non-puissance*. Textes édités par Yves Ellul et Frédéric Rognon, Genève, Labor et Fides, 2014.
  → 『기술과 신학』, (대장간, 출간 예정, 2023)

- *Nous sommes des révolutionnaires malgré nous. Textes pionniers de l'écologie politique*. Paris: Seuil, 2014.
  → 『정치생태학의 혁명적 힘: 인격주의, 자연 감성, 기술 비판』, 자끄 엘륄·베르나르 샤르보노 공저, 안성헌 옮김(대장간, 2021)

기타 연구서
- 『세계적으로 사고하고 지역적으로 행동하라』(*Perspectives on Our Age: Jacques Ellul Speaks on His Life and Work*), 빌렘 반더버그, 김재현, 신광은 옮김(대장간, 1995, 2010)
- 『자끄 엘륄 -대화의 사상』(*Jacques Ellul, une pensée en dialogue*. Genève), 프레데릭 호농(Frédéric Rognon)저, 임형권 옮김(대장간, 2011)
- *In season, Out of Season: An Introduction to the Thought of Jacques Ellul*: Interviews by Madeleine Garrigou-Lagrange. Trans. Lani K. Niles. San Francisco: Harper and Row, 1982.
- *Entretiens avec Jacques Ellul*. Patrick Chastenet. Paris: Table Ronde, 1994.

대장간 자끄 엘륄 총서는 중역(영어번역)으로 인한 오류를 가능한 줄이려고, 프랑스어에서 직접 번역을 하거나, 영역을 하더라도 원서 대조 감수를 원칙으로 하고 있습니다. 총서를 통해서 엘륄의 사상이 굴절되거나 왜곡되지 않고 그의 삶처럼 철저하고 급진적으로 전해지길 바라는 마음입니다.